现代服装市场营销

Modern

Clothing

Marketing

及文昊 著

内 容 简 介

本书主要介绍了服装市场营销方面的理论知识和实际操作案例。内容涉及服装市场营销环境分析、消费者行为分析与购买决策、市场调查与预测、服装连锁经营、服装时尚流行预测与传播、服装销售渠道建立和销售场所设计、服装品牌营销模式与渠道整合策略、互联网在服装产品开发和营销方面的协同创新与应用,以及服装品牌基于影视推广的实际案例与点评。

本书适合从事服装市场营销工作的人员阅读,也可供市场营销或服装相关专业师生参考。

图书在版编目(CIP)数据

现代服装市场营销/及文昊著.—北京:化学工业出版社,2023.9
ISBN 978-7-122-44350-2

Ⅰ.①现… Ⅱ.①及… Ⅲ.①服装-市场营销学 Ⅳ.①F768.3

中国国家版本馆 CIP 数据核字(2023)第 201301 号

责任编辑:彭爱铭　　　　　　　　　　装帧设计:史利平
责任校对:宋　玮

出版发行:化学工业出版社(北京市东城区青年湖南街 13 号　邮政编码 100011)
印　　装:大厂聚鑫印刷有限责任公司
710mm×1000mm　1/16　印张 11¾　字数 228 千字　2024 年 1 月北京第 1 版第 1 次印刷

购书咨询:010-64518888　　　　　　　　售后服务:010-64518899
网　　址:http://www.cip.com.cn
凡购买本书,如有缺损质量问题,本社销售中心负责调换。

定　价:68.00 元　　　　　　　　　　　　　　　　　版权所有　违者必究

前言

随着信息技术特别是互联网技术的发展，零售业态已发生深刻变革，以阿里、京东、拼多多等为代表的新零售商们主动适应消费行为的变化，结合信息技术、人工智能技术、数字化物流技术及其他技术，打造了消除了时空限制的、线上线下混合的 O2O 新型零售模式。

服装行业作为一个传统行业，也需顺应时代要求而进行深刻的改革。伴随着全球经济一体化进程的加快，我国服装业面临着更广阔的国际市场；国际品牌的大量涌入，使得服装企业之间的竞争更加激烈。同时随着国内服装消费市场的成熟和分化，越来越多的服装企业将从加工型企业转变成服装品牌运营企业，并更加重视营销能力的提升和营销艺术的升华，这也是我国成为世界服装强国的必经之路。

为了适应新零售业态下服装市场营销方式的变化，本书在编写的过程中，将市场营销学的一般理论与服装市场的特殊性有机结合，对传统市场营销学的内容进行合理的整合，加强了本书内容的实践性和实效性。本书适用于服装相关专业师生参考，同时对从事服装零售的人员也具有一定的实践指导意义。

本书撰写过程中，得到了许多专家学者的帮助和指导，在此表示诚挚的谢意。

由于互联网技术与人工智能技术的飞速发展，会不断有新的企业经营理念和新的营销方式涌现，加之编者自身水平有限，时间仓促，书中所涉及的内容难免有疏漏之处，希望各位读者多提宝贵意见，以便笔者进一步修改，使之更加完善。

及文昊
2023 年 5 月

目 录

第一章 服装与服装意义 … 1

第一节 服装概念 / 1
一、服装的称谓及内容 / 1
二、服装的相关概念 / 2

第二节 服装意义 / 6
一、服装意义的社会性 / 6
二、服装意义的民俗性 / 8

第二章 服装市场营销环境分析 … 9

第一节 服装市场营销环境概述 / 9
一、服装市场营销环境及其构成 / 9
二、服装市场营销环境的特征 / 10
三、营销活动与营销环境 / 11
四、分析市场营销环境的意义 / 12

第二节 服装市场营销宏观环境分析 / 12
一、人口环境 / 13
二、经济环境 / 14
三、自然环境 / 17
四、科学技术环境 / 18
五、社会文化环境 / 18

第三节 服装市场营销微观环境分析 / 20
一、服装企业内部因素 / 20
二、市场营销渠道 / 20

　　　　三、顾客 / 22
　　　　四、竞争者 / 23
　　　　五、公众 / 23
　　第四节　服装市场营销环境分析与营销对策 / 24
　　　　一、营销环境的分析与评价 / 24
　　　　二、服装企业营销对策 / 26

第三章　　　　　　　　　　　　　　　　　　28
服装消费者行为分析

　　第一节　服装消费者购买行为 / 28
　　　　一、消费者市场 / 28
　　　　二、服装消费者的需求及其特点 / 28
　　　　三、服装消费者的购买动机及其类型 / 30
　　　　四、服装消费者购买行为 / 31
　　第二节　影响消费者购买行为的主要因素 / 31
　　　　一、文化因素 / 32
　　　　二、社会因素 / 34
　　　　三、个人因素 / 36
　　第三节　服装消费者购买决策过程 / 37
　　　　一、服装消费者购买决策过程的参与者 / 37
　　　　二、服装消费者购买行为的类型 / 38
　　　　三、服装消费者购买决策过程的一般模型 / 39

第四章　　　　　　　　　　　　　　　　　　42
服装市场调查与预测

　　第一节　服装市场调查 / 42
　　　　一、服装市场调查的类型与步骤 / 42
　　　　二、服装市场调查的内容 / 45
　　第二节　服装市场预测 / 48
　　　　一、服装市场预测概述 / 48
　　　　二、服装市场预测的内容 / 52

第五章　服装连锁经营　　55

第一节　服装连锁经营战略 / 55
一、服装企业开展连锁经营的要点 / 55

二、服装品牌职能定位 / 58

三、服装品牌组织架构的内涵 / 58

第二节　服装招商会 / 60
一、服装连锁企业招募方法 / 60

二、招商会策划 / 64

第三节　服装店铺促销 / 64
一、服装店铺促销计划 / 64

二、服装店铺促销实施与评估 / 67

第六章　服装时尚的流行　　70

第一节　服装的流行现象 / 70
一、流行概述 / 70

二、服装的流行 / 72

三、服装流行的原理 / 74

四、服装流行的形式 / 74

五、服装流行的特点 / 76

六、服装流行的预测 / 77

第二节　流行周期 / 78
一、流行周期的定义 / 78

二、流行周期的发展过程 / 79

三、流行周期的规律 / 79

第三节　流行预测 / 81
一、流行预测的概念 / 81

二、流行预测的方法（以流行色预测为例） / 82

三、流行预测的内容 / 83

四、流行预测的研究 / 84

第四节　流行传播 / 85

  一、流行传播的理论 / 85
  二、流行传播的媒介 / 86
  三、流行传播的推手 / 88
 第五节 流行报告 / 90
  一、流行报告的内容 / 90
  二、产品开发过程的相关流行报告 / 90
  三、我国流行报告的发布 / 91

第七章　互联网＋服装价值创新全过程　92

 第一节 互联网＋服装产业价值创新路径 / 92
  一、"互联网＋"是服装产业转型升级的必然选择 / 92
  二、互联网＋服装产业转型升级路径 / 92
 第二节 互联网＋服装产品开发流程 / 95
  一、互联网对服装产品开发的影响 / 95
  二、网上产品开发模式的创新 / 97
 第三节 全程协同的服装智能制造 / 98
  一、工业4.0 / 98
  二、互联网＋服装全程协同 / 100

第八章　服装销售管理　103

 第一节 服装零售业态 / 103
  一、店铺零售 / 103
  二、非店铺零售 / 106
 第二节 服装销售渠道设计 / 107
  一、影响渠道设计的因素 / 107
  二、分析顾客服务需求 / 109
  三、建立渠道目标 / 109
  四、分析目前的渠道 / 110
  五、确定渠道成员类型 / 111
  六、确定渠道层级长度 / 111
  七、确定渠道成员数目 / 112

第三节　服装销售促进计划　/ 114
　　一、确定销售促进目标　/ 114
　　二、选择销售促进工具　/ 114

第四节　服装店铺设计　/ 117
　　一、商店环境设计是竞争优势的来源　/ 117
　　二、商店环境的要素　/ 118
　　三、服装零售卖场设计　/ 119
　　四、服装店铺的室内设计　/ 122
　　五、服装店铺的室外设计　/ 125

第九章　129
服装品牌营销

第一节　服装品牌营销管理　/ 129
　　一、质量管理　/ 129
　　二、技术管理　/ 130
　　三、财务管理　/ 130
　　四、信息系统管理　/ 131
　　五、供应链管理　/ 132

第二节　服装品牌营销分析与策划　/ 134
　　一、服装品牌营销运行模式　/ 134
　　二、服装市场竞争者与合作者分析研究　/ 135
　　三、服装营销策略的运用　/ 136

第三节　服装品牌营销渠道的特点　/ 141
　　一、服装品牌营销渠道的特点　/ 141
　　二、品牌服装营销渠道整合的策略分析　/ 141

第四节　服装品牌营销创新　/ 142
　　一、服装营销的发展趋势分析　/ 142
　　二、服装品牌扩张　/ 143
　　三、品牌创新　/ 144
　　四、市场创新　/ 145
　　五、营销创新　/ 146
　　六、服装网络营销　/ 148
　　七、中国服装业品牌营销的战略发展方向　/ 158

第十章
基于影视的服装品牌推广   161

第一节　快时尚服装的微电影广告价值　/ 161
　　一、快时尚服装微电影广告行业发展背景　/ 161
　　二、快时尚服装微电影广告价值特征　/ 163
　　三、快时尚服装微电影广告类型及其价值优势　/ 164
　　四、快时尚服装微电影广告价值要素　/ 166
　　五、微电影广告发展趋势预测　/ 167

第二节　服装品牌在影视剧中成功植入　/ 168
　　一、服装品牌运用植入式广告的必要性　/ 168
　　二、服装品牌运用植入式广告的方式　/ 171
　　三、服装品牌运用植入式广告的注意事项　/ 172
　　四、服装品牌运用植入式广告的不足之处　/ 174

参考文献   176

第一章
服装与服装意义

第一节 · 服装概念

一、服装的称谓及内容

1. 服装与服饰

服装与服饰,是我们学习服装概论时首先要了解的称谓问题。因为这个词是着装者和服装研究者最常见的词,也是最需要明确的概念。

无论服装还是服饰,应包括三个方面的内容:

① 衣服(主服、首服、手服、足服),如上衣下裳、帽子、围巾、手套、鞋、袜等,其特点是带有遮覆性。

② 佩饰,如头花、簪、钗、耳环、鼻环、项链、手镯、戒指、胸花、腰链等,其特点是以装饰为主要目的。

③ 随件,如包、伞、佩刀、宝剑、拐杖等。其特点是附加在人的整体服饰形象上,可有可无。如有,更能充分、鲜明地显示出一个人的个性和身份。如佩刀还是佩剑,一般能让人分辨出武官和文官。

2. 衣服与首饰

衣服应是纯物质的称谓,即使是为了某种文化含义而制作的衣服,本身也是无生命的。应该说,衣服只是服装或服饰的一个重要组成部分,但它具有遮覆性,这一点是最明显的功能与特质。首饰,是人们平时头上、颈间、胸前、手腕、手指等部位佩饰的总称,也是服装或服饰的组成部分之一。通常一说首饰,就容易使人联想到富有和珍贵,其实不然,一根荆条也可以作为簪以固定发髻。总之,这两者是组成服饰形象时必不可少又相互支撑补充的物品。

3. 服饰形象与着装形象

服饰形象是指人在着装后的整体形象，包括衣服、佩饰，也包括人在穿戴上这些衣服、佩饰后的综合效果。服饰形象是不能将人与全身打扮相分离而后言的。只有这种整体组合，才能显示出其社会性，显示出文化的深层含义。有时候，我们也使用着装形象的说法。与服饰形象相比，着装形象的主体性更明确一些，着装形象所面对的是着装形象受众，而服饰形象相对更客观、更独立。

二、服装的相关概念

1. 关于时装

（1）时装

时装，顾名思义就是具有时间特征的服装。如果将其作为一种社会事物放在社会学研究领域中去认识的话，时装是指在一定时期（时间）、一定区域（空间）出现，为某一阶层或某一类人所接受并崇尚的衣服。一般来讲，时装具有"一过性"，其流行有一定规律。某种时装一旦过了"临界线"，即为大众所普遍接受，那就无时装性可言了，但是另一种风格的时装又会接踵而来。时装永远如潮水，只要人类生活状态没有大的改变，时装将永远存在，并生生不息。

（2）高级时装

高级时装是时装的顶级产品，是针对高层顾客的需求设计制作的服装。这个概念是由设计师查尔斯·弗雷德里克·沃斯在19世纪中期创立的，他当时的服务对象为上流社会的女性，精美的面料、原创性的设计理念和完美的手工缝纫技术是其不可或缺的构成要素。

2. 关于流行和风格

（1）流行

流行是指在一定的时间（某个历史时期）和空间（某个国家或地区的范围）内，一定数量的人受某种意识的驱使，通过模仿前沿的或占主导地位的某种观念、行为、生活方式而达到某种状态的社会现象。当然，随着信息网络的快速发展，信息通道缩短，流行的空间可扩大至全世界，特别是时装。

事物的流行与人类两种常见的心理有关：一是求变心理，二是求同心理。对事物抱有前种心理的人，对新的流行非常敏感，是新流行的创造者和追随者；当这种新的流行随着具有求变心理的人而逐渐发展成为一种大范围的"强势力"后，对新事物抱有求同心理的人往往产生不愿被这股强大势力抛弃的想法，也加入其中，使其被普及和一般化。随后，当这种新的趋势普及后，一种更新的流行就会作为一种需要，再次为具有求变心理的人所提出并实施，于是新一轮的流行与普及重新开始了。服装与人接触多，且流行起来相对容易，因而表现在时装的流行上更显得便捷。

（2）流行周期

流行周期是指某种时装从出现到逐渐被人们接受，再达到流行巅峰，随后走向衰退，最后退出流行舞台的整个过程。流行周期具有循环往复的特点。但是，下一次流行绝不会回到原来的点，总体呈螺旋式。

不同的时装流行周期不尽相同，有的在很短的时间内消亡，有的具有很长的时尚生命。一般来讲，每个流行周期都包括如下部分：导入期、上升期、顶峰期、下降期、消亡期五个阶段。

（3）流行趋势

流行趋势是指一段时期以内时装流行的总体方向和趋向性的变化。如我们经常能够在各种时尚传媒的种种宣传方式中了解到的"下一季复古风格流行""明年中性风格流行"等对流行趋势的预测，都是对一定的时间内流行的一种趋向性的指征。

（4）风格

风格是指某件或某种服装区别于其他服装的独有特征，这种能使受众从服装的外观上辨识出的特点称为风格。服装风格有的会被一再重复，而有的只出现一次就永远消失了。如果回顾20世纪这一百年服装的演化史，我们就会发现几乎每个十年都有自己的风格，这就是时代赋予服装的深深烙印。不同的设计师所设计的服装也有着各自的风格特点，这取决于每个设计师的专业素养与爱好。虽然各个阶段都会有不同的变化，但一个设计师的风格往往会贯彻始终，以形成他区别于其他设计师的独特之处。

（5）品位

品位是指人们在各自不同的生活环境、文化背景、教育水平、审美倾向以及其他诸多因素的影响下所形成的对时尚的定位。良好的品位不仅能够帮助人准确地发现美丽的事物，还能够甄别什么样的服饰是最适合自己的。我们通常有品位和品味之说，品位更多的是指档次、高度，而品味则趋向于总体表现。

3. 关于服装设计

（1）设计

设计一词的英文是"design"，它是指对事物的一种整体的计划、规划、设想以及解决问题的方法，并通过外在的表达方式进行传达的一个过程。

有关设计所包含的范围以及比较准确的定义一直以来有着不同的解释，专家学者乃至普通人都对"设计"一词有着自己的理解。但有一点是肯定的，设计与我们的日常工作和生活息息相关，我们每天所面对的绝大多数事物都与设计有关。

（2）服装设计师

服装设计师是以平面（绘制效果图）或立体（直接裁制服装）的方式来体现自己服装创意或构想的人。他们具有创造性的思维，力求使创意与实际穿着形成完美结合。

（3）高级时装设计师

法语中 couturier 是"妇女时装设计师、时装商"的意思，而我们所说的高级时装设计师不同于普通的服装设计师，它指的是法国屈指可数的高级时装店里的主设计师，这些设计师是每个品牌的灵魂人物。

国际上对高级时装设计师的标准认定有如下条件，即在巴黎拥有自己的工作室；至少拥有20名助手；服装必须量身定做；每年要举办春夏、秋冬两次发布会；每季至少要推出65套新款；每年至少为客户做45次不公开的新款展示。

（4）成衣设计师

在法语里，stylist 是成衣设计师。成衣设计师与高级时装设计师不同，他们服务的范围更加广泛，而他们的设计与高级时装相比，在面料、裁剪与缝制手段上的要求相对较为宽松。实际上，成衣设计师在20世纪下半叶起就普遍存在了，几乎每个服装厂家都有，甚至拥有团队。

（5）导向设计师

导向设计师不同于一般的设计师，是指那些能够决定他那个时代的时尚潮流，或在一定程度上引导潮流走向的人。

（6）款式设计师

款式设计师是那些在某类服装（如高级时装和高级成衣）流行达到顶峰阶段，将其进行一些改变（如改变面料、改变设计细节）从而得到适合普通大众穿着的、价位较为便宜的服装款式的设计师。他们是为生产商服务，主要工作是对他人的设计进行修改。

（7）服装面料设计师

服装面料设计师是服装企业中专门负责对产品的面料进行开发的设计师，主要对面料的材质、色彩、花纹等因素进行综合设计。服装面料设计师需要具有专业素质，其中包括要掌握各种面料的特性，还要了解纺织生产过程中的技术因素，具备较强的艺术思维以及综合创造能力等。

（8）服装配色设计师

一些服装企业会设置专门的配色设计师，设计师需将色彩进行分列和组合并应用到即将推出的产品中，或将其应用到已推出的产品的改进上，以使产品系列在色彩上更加具有整体性和协调感。

（9）橱窗展示设计师

企业越来越重视橱窗的展示设计，因此专业的设计师要根据企业文化特点、本季服装设计主题和产品特点对橱窗、展示台、货架等进行统一的设计、规划和陈列，使得服装产品以最佳的视觉效果呈现在顾客面前，从而促进销售。

4. 关于服装结构与工艺

（1）服装结构

服装结构是将造型设计所确定的立体形态的服装廓型造型和细部造型分解成平面的衣片。通过对服装结构的设计，我们可以得到服装细部的形状、数量吻合的关系、整体和细部的组合关系，修正造型设计图中不可分解的部分，改正费工费料的不合理的结构关系，从而使服装造型臻于合理完美；同时，通过对服装结构进行设计，可以为缝制加工提供成套的规格齐全、结构合理的系列样板。服装结构是服装工程的重要组成部分，它既是款式造型设计的延伸和发展，又是工艺设计的准备和基础。

（2）服装工艺

通过对服装结构进行设计，我们得到了衣服的裁片，通过一定的工艺步骤，运用相关的技术和设备，把衣服的各个裁片缝合起来得到整件服装，这个过程就是服装工艺所要解决的问题。一般来讲，服装工艺流程应包括以下几个大方面：将各个衣片进行缝合、熨烫以及整理等。当然，这是最基本、最传统的工艺程序，进入21世纪以来，3D打印已经为各行业所应用，服装工艺也正在发生改变。

（3）平面裁剪

平面裁剪是指借助于辅助工具（笔、曲线板、直尺等）画出所要达到的造型的平面展开图，得到衣片的纸样，再把这个纸样放在衣料上画下来进行裁剪的方式。一般较为常用的平面裁剪方法有原型法和比例法两种。如今，更普遍的是在电脑上绘制了，手绘反而显得珍贵。

（4）立体裁剪

立体裁剪是将二维的坯布或衣料直接放在人体或人台上，根据设计塑造三维立体的服装造型，用辅助工具（裁布剪刀、大头针、记号笔、皮尺等）在其上进行裁剪、定位、标记从而得到样板，并将其展开后拓在纸上进行修正，得到最终想要的板型的裁剪方式。

以上几种叙述，属于传统的21世纪初以前的基础工艺手法和程序。随着智能时代的到来，"建模"形式已被普遍使用，一切都可以从虚拟到现实。

5. 关于服装产品

（1）成衣

成衣是指通过工业化大生产而批量生产的成品服装，这是一个与手工定制加工的服装相对立的概念。工业革命后的19世纪末，机器大生产的出现和流水线的建立，使得这种"大批量生产的衣服"的概念得以诞生。流水线的生产降低了成本，节省了人力，使得成衣的价格较为便宜，成为满足最广大消费群的服装，也成为人们日常穿着的最为常见的服装类型。

（2）高级成衣

在巴黎，高级时装是一个与高级女装相呼应的行业。20世纪中期，在整个市场大趋势的影响下，一些高级女装设计师为了扩大品牌的市场占有率，在过去量身定制服装的基础上，又推出了批量生产的服装，也就是"高级成衣"。这是由高级时装设计师及其助手以广大的中产阶级为目标顾客，从最近发表的高级时装中选择便于成衣化的设计进行批量生产的服装，不同于高级时装的量体裁衣和手工制作。高级成衣有着规范的号型，采用一定的高级时装制作技术，比起普通成衣的生产规模，高级成衣基本上保持在一个小批量生产的范围内。

（3）服装品牌

"品牌"是我们日常生活中一个常见的概念，美国市场营销协会这样定义品牌的概念："品牌是一个名词、标记、标志、设计或是它们的组合运用，其目的是借以辨认某个销售者或某群销售者的产品或服务，并使之与竞争对手的产品和服务区别开来。"

品牌这个概念在服装企业的发展中占有重要的地位，原因有二：一是当代人们消费水平和购买力有了一个很大的提升；二是服装虽然是介于"快速消费品"和"耐用消费品"之间的商品，但随着人们生活水平和着装要求的提高，重复购买的特性使得服装越来越向"快速消费品"靠拢。对于一个服装企业来讲，拥有越多自身品牌的追随者就意味着得到越多的利润，而对品牌的打造是建立品牌忠诚度的最根本要素，因此品牌的重要性是不言而喻的，这也是今天众多服装企业非常重视品牌建设的原因。

第二节 · 服装意义

一、服装意义的社会性

衣服与佩饰不是自然物，而是社会经济活动的产物。就服装来说，无论是人类童年时代的手工艺制品，还是现代工业机械加工的产品，对它在商品流通过程中所充当的角色考察，都明显地带有社会性。尤其是衣服、佩饰的造型、纹样及其色彩的构成、定型，大都是经过在人的头脑中一系列思维活动加以组织并生成的，而这种思维活动本身也自然受到社会诸多因素影响。

1. 服装与社会生产力

人的物质生产与精神活动构成了社会活动。社会生产力是构成社会的一个基础，它体现出不容动摇的社会地位。物质财富的生产方式制约着整个社会生活，也就是说反映在精神生活和为了维持某种群体秩序的事物中的物化了的意识形态，直接标示着社会生产力的水平。衣服与佩饰既属于物质产品，又属于精神产品，在这一点上表现得尤为鲜明。

衣服与佩饰离不开物质原料，用比较恰当的定义，是指利用一定物质材料，经过构思、设计、制作完成的兼具实用性和装饰性的物质产品。于是，在开发自然、利用自然资源的劳动中，它们显示了人类文化的进程。自然界为社会生产力的发展提供了物质的资料，当然也成为用于工具加工的劳动对象。人类在生产过程中以自然物为劳动对象而取得的诸如衣服与佩饰等物质生活资料，无一不是从自然界索取，又经过人类制作完成的。因此，可以得出一个结论：衣服与佩饰的产生、发展直接与社会生产力有关。若没有养蚕缫丝，就不可能有中国的丝绸衣；没有羊毛的剪理纺织，也不会有欧洲的羊毛袜；加之亚麻、木棉等自然界原有物质经进一步人工培育后，物质材料源发展且社会生产力不断推进，使衣服与佩饰一步步走向高级与华美。

再延伸到现代，若没有工业革命，没有大机械工业的异军突起，也许衣服和佩饰的加工还要囿于狭小简陋的作坊之中。而缝纫机的使用，不仅使服装加工的速度大大加快，同时也使大批量成衣的问世成为可能。再以后，随着工业机械与仪器的精密度的提高，特别是电子、激光等高级技术的应用，使佩饰的质料由天然转为人工，出现了真假难辨、以假乱真的人工合成宝石等。与此相近的技术应用在服装上，不仅出现了较纯毛、纯棉之类的天然纤维要结实挺括的化学纤维制品，而且也如同宝石佩件一样，出现了酷似动物原毛的化学纤维裘皮大衣，这些都是社会生产力发展到这一水平前人们所预料不到的。但是，事实证明，无论人们对此抱有或褒或贬的态度，社会生产力发展而导致的衣服与佩饰质地以及制作风格的演变趋势都将势不可当。

2. 服装与国际交往

服装文化，首先集中表现出鲜明的民族与社区特征。而这种特征的形成除了自然条件的影响之外，还在很大程度上取决于服装的社会性。社会性已不是单体的概念，服装社会性更是一个囊括了众多社会因素的复合体。既然是复合体，必然包含了纵向的传承关系的符号积累，同时又受到其他区域文化的横向的缓慢侵入或是强烈冲击。服装在国际交往中所处的醒目且又深蕴的地位，所起到的传播作用及由此而造成的立体效应与物化结果，正可以说明这一点。

在服装与国际交往的表现形式中，有一种为积极交往。如中国是世界上最早养蚕缫丝的国家，因丝绸之路的开通而使中亚、西亚以至欧洲知道东方有一个"赛里斯"国。丝绸作为上等的服装面料吸引了众多爱好新奇美服的异国人。于是，人们开始千方百计地寻求这种服装质料的制作方法，当然初期只是为了得到这种服装质料的实物。丝绸之路沿途墓葬中出土的陶俑中有不少是波斯或是欧洲人模样的商贩，他们深目高鼻，满脸胡须，牵驼背囊，风尘仆仆，尽管他们冒如此风险、历如此辛苦的最大驱动力是获取利益，但是他们对异国他乡的丝绸面料的兴趣是不可置疑的。在他们身后有着不少对新鲜服装面料翘首以待的人，因而，总的社会需求促使他们其中的一部分人去积极进取。

促成国际服装自然交往的因素很大程度上源自人们的趋新心理。从社会学角度看，则是表明了社会文化变异与交流的必然性。

二、服装意义的民俗性

民俗是人类文化的组成部分。服装与民俗具有不可分割的共生性。一个民族或居民聚落点有什么样的习俗、风尚，就会产生什么样式的服装，出现什么样的着装形象。民俗既反映物质文化特征，也反映精神文化特征。服装是这种反映的最直接最生动的现实，是一个国家或一个民族的风格、习尚、风情的产物和载体，从服装中可以观察到民族过去与当下文化心态的外化面貌；服装的发展变化形成固定状态以后，也必然会丰富一个国家或民族的风俗与风情。

1. 服装与民俗的历史性

服装与民俗同样源远流长。自从人类的意识和行为明显区别于动物之后，人便在万物有灵的崇拜中，往身上披挂自然物质——原始服装。

这种原始的民俗事象，包括民俗意识和民俗行为的详细程序和周密安排以及民俗事象中人的表现，特别是有关民俗与服装的密切关系，都是一定历史时代的产物，当代仍可在历史"活化石"中寻觅。如亚洲的鄂温克族、鄂伦春族和赫哲族等，都是狩猎民族，服饰原料仍普遍采用兽皮。

2. 服装与民俗的地域性

民俗的地域性非常鲜明，因为民俗本来就是土生土长的，所谓"一方水土养一方人""十里不同俗，百里不同风"的说法，正点明了民俗限于地域的必然性。

如在地理上，非洲被分为北非、东非、西非、中非与南非五个地区。以中非国家乍得、喀麦隆、加蓬的黑人服装来说，男人宽袍大袖，女人敞领截袖，以白色和鲜艳颜色为主，颇有非洲特色。

再有一种情况是同一民族的成员分居在不同的地域之内，也势必造成同一族源的地域差异。不要说散居在各处的人大多已受当地民族影响出现被同化趋势，就是早期聚居的民族后来分处两地，也会形成各自的民俗服装特色。

第二章
服装市场营销环境分析

第一节 ● 服装市场营销环境概述

一、服装市场营销环境及其构成

服装市场营销环境是指与服装企业生产经营有关，直接或间接影响服装企业产品的供应与需求的各种客观因素的总和。

服装市场营销环境是企业营销职能外部的不可控制的因素和力量，这些因素和力量是影响服装企业营销活动及其目标实现的外部条件。任何服装企业都如同生物有机体一样，总是生存于一定的环境之中，服装企业的营销活动也要以环境为依据，不可能脱离周围环境而孤立地进行，要主动地去适应环境。而且通过营销努力去影响外部环境，使环境有利于企业的生存和发展，有利于提高企业营销活动的有效性。

一般来说，服装市场营销环境包括微观环境和宏观环境。微观环境是指与企业紧密相连，直接影响企业营销能力的各种参与者，包括服装企业本身、市场营销渠道企业、顾客、竞争者以及社会公众。宏观环境是指影响微观环境的一系列巨大的社会力量，主要是人口、经济、政治法律、科学技术、社会文化及自然生态等因素。微观环境直接影响与制约服装企业的营销活动，多半与服装企业具有或多或少的经济联系，也称直接营销环境。宏观环境一般以微观环境为媒介去影响和制约企业的营销活动，在特定场合，也可直接影响企业的营销活动，故又被称为间接营销环境。宏观环境因素与微观环境因素共同构成多因素、多层次、多变的企业市场营销环境的综合体。

这两种环境之间不是并列关系，而是包容和从属关系。直接环境受间接环境大背景的制约，间接环境借助于直接环境发挥作用。

总之，服装企业所面对的微观环境和宏观环境并不是固定不变的，而是处于经常变动之中。环境的变化，或者给企业带来可以利用的市场机会，或者给企业带来一定的环境威胁。企业应监测和把握环境诸多力量的变化，善于从中发现并抓住有利于企业发展的机会，避开或减轻由环境带来的威胁。服装企业必须重视对市场营销环境的研究，重视对环境变化趋势的监视和预测，适时、适度地调整市场营销策略和市场营销组合，适应环境的变化，使自身获得生存和发展。

二、服装市场营销环境的特征

1. 客观性

客观性是服装市场营销环境的重要特征。环境作为营销部门外在的不以营销者意志为转移的因素，对企业营销活动的影响具有强制性和不可控性的特点。一般来说，营销部门无法摆脱和控制营销环境，特别是宏观环境，服装企业难以按自身的要求和意愿随意改变它。因此，企业决策者必须清醒地认识到这一点，要及早做好充分的思想准备，随时应对服装企业面临的各种环境的挑战。

2. 差异性

服装市场营销客观上存在着广泛的差异性，有些环境表现为自然差异，有些环境表现为社会差异。服装企业不仅要受到来自多方面不同环境的影响，而且由于每个企业内部差异的存在，即使同一种环境因素的变化对每个服装企业的影响作用也不尽相同。例如，中国加入世界贸易组织，意味着大多数中国企业进入国际市场，然而不同的国家、民族、地区之间在人口、经济、社会文化、政治、法律、自然地理等方面存在着广泛的差异性。这些差异性对服装企业营销活动的影响显然是不相同的。由于外界环境因素的差异性，服装企业必须采取不同的营销策略才能应对和适应这种情况。

3. 相关性

影响服装市场营销环境的各个因素是相互依存、相互作用和相互制约的。这是由于社会经济现象的出现往往不是由某种单一的因素所决定的，而是受到一系列相关因素影响的结果。例如，服装企业开发新产品时，不仅要受到经济因素限制，还要受到社会文化因素的影响和当时的社会生产力水平以及相关的政策法律等的制约。再如，服装市场需求不仅受消费者收入水平、爱好以及社会文化等方面因素的影响，政治法律因素的变化，往往也会产生决定性的影响。

4. 动态性

营销环境是服装企业营销活动的基础和条件，这并不意味着营销环境是一成不变的、静止的，它是动态的。当然，服装市场营销环境的变化是有快慢大小之分的，有的变化快一些，有的则变化慢一些；有的变化大一些，有的则变化小一些。例如，科技、经济等因素的变化相对快而大，因而对企业营销活动的影响相对短且跳跃性大；而人口、社会文化、自然因素等相对变化较慢较小，对企业营销活动的影响相对长而稳定。因此，服装企业的营销活动必须适应环境的变化，不断地调整和修正自己的营销策略，否则，将会使其丧失市场机会。

5.不可控性

影响服装市场营销环境的因素是多方面的，也是复杂的，并表现出企业的不可控性。例如，一个国家的政治法律制度、人口增长以及一些社会文化习俗等，服装企业不可能随意改变。

6.可影响性

服装企业在环境面前也并非无所作为，服装企业可以通过对内部环境要素的调整与控制，来对外部环境施加一定的影响，最终促使某些环境要素向预期的方向转化。适者生存既是自然界演化的法则，也是企业营销活动的法则，如果企业不能很好地适应外界环境的变化，则很可能在竞争中失败，从而被市场所淘汰。现代营销学认为，服装企业经营成败的关键，就在于服装企业能否适应不断变化着的市场营销环境。

三、营销活动与营销环境

服装市场营销环境通过其内容的不断扩大及其自身各因素的不断变化，对服装企业营销活动产生影响。

1.服装市场营销环境给企业营销带来的双重影响

（1）环境给服装企业营销带来的威胁

营销环境中会出现许多不利于企业营销活动的因素，由此形成挑战。如果企业不采取相应的规避风险的措施，这些因素会导致企业营销的困难，给企业带来威胁。为保证企业营销活动的正常运行，服装企业应注重对环境进行分析，及时预见环境威胁，将危机减小到最低程度。

（2）环境给服装企业营销带来的机会

营销环境也会滋生出对企业具有吸引力的领域，带来营销的机会。对企业来讲，环境机会是开拓经营新局面的重要基础。为此，服装企业应加强对环境的分析，当环境机会出现的时候善于捕捉和把握，以求得企业的发展。

2.市场营销环境是企业营销活动的资源基础

市场营销环境是企业营销活动的资源基础。企业营销活动所需的各种资源，如资金、信息、人才等都是由环境来提供的。服装企业生产经营的产品或服务需要哪些资源、多少资源，从哪里获取资源，必须分析研究营销环境因素，以获取最优的营销资源满足企业经营的需要，实现营销目标。

3.市场营销环境是企业制订营销策略的依据

企业营销活动受制于客观环境因素，必须与所处的营销环境相适应。但企业在环境面前绝不是无能为力、束手无策的，企业能够发挥主观能动性，制订有效的营销策略去影响环境，在市场竞争中处于主动地位，占领更大的市场。

四、分析市场营销环境的意义

服装企业可以运用各种有效的方式或手段，影响利益相关方，争取多方面的支持使之改变做法，从而改变营销环境。这种能动的思想不仅对国内跨地区市场营销活动有重要指导作用，还对开展国际市场营销活动有重要意义。因此，营销管理者的任务不但在于适当安排营销组合，使之与外部不断变化的营销环境相适应，而且要积极地改变环境，创造或改变目标顾客的需要。只有这样，服装企业才能发现和抓住市场机会，因势利导，在激烈的市场竞争中立于不败之地。

第二节 · 服装市场营销宏观环境分析

服装市场营销宏观环境包括那些影响公司微观环境中所有行动者的较大的社会因素，这些因素还直接对服装企业营销环境中的微观环境因素产生影响，进而影响服装企业的市场营销活动，对其产生限制和促进作用。例如，人们的价值观和信念等会影响消费者的消费态度、兴趣爱好，从而形成对某些服装品牌或某类服装产品的好恶，由此使消费者增大或减少对某些产品的选择机会。

服装市场营销的宏观环境包括人口、经济、自然、科学技术、社会文化等因素。

一、人口环境

人口是构成市场的第一位因素。人口的多少直接决定着市场的潜在容量,人口越多,市场规模就越大。而人口的年龄结构、地理分布、婚姻状况、出生率、死亡率、人口密度、人口流动性及其文化教育水平等人口特性会对服装市场格局产生深刻影响,并直接影响着服装企业的市场营销活动。

1. 人口总量

一个国家或地区的人口的多少,是衡量市场潜在容量的重要因素。一方面,人口总量同一国的国民收入一样,是决定市场潜在容量的重要因素。另一方面,人口总量的变化也会给服装企业的营销活动带来影响。

2. 人口构成

人口构成,包括自然构成和社会构成,前者如性别结构、年龄结构;后者如民族构成、职业构成、教育程度等。以性别、年龄、民族、职业、教育程度相区别的不同消费者,由于在收入、阅历、生理需要、生活方式、价值观念、风俗习惯、社会活动等方面存在的差异,必然会产生不同的消费需求和消费方式,形成各具特色的消费者群体。例如,不同年龄的消费者对于服装产品需求的不同而形成老年市场、青年市场、儿童市场等。一般来说,服装消费最多的年龄层在15岁至39岁。显然,人口环境方面的这些因素对服装企业的营销活动极具重要性。

3. 地理分布

服装市场消费需求与人口的地理分布密切相关。一方面,人口密度的不同与人口流动量的多少,影响着不同地区市场需求量的大小。以我国为例,人口分布一般东部沿海地区多,西部内陆地区少。地理上主要以黑龙江黑河与云南腾冲连线为分界线(即胡焕庸线),该线东侧地区面积占全国的43%左右,而人口占全国人口的94%左右,西侧地区面积占全国面积的57%左右,人口却只占全国人口的6%左右,即有由东南到西北方向海拔高度增加、人口密度呈阶梯递减的趋势,而这种趋势还正在加强。因而中国服装业的重心在东部和中部地区。

另一方面,人们的消费需要、购买习惯和购买行为,在不同的地区也会存在差异。例如,不同城市之间流动人口的多少不等,反映在吃、穿、住、行等方面的市场需求量就会有很大差别。因此,研究人口的地域差别和变化,对服装企业的市场营销有着更为直接的意义。再如,我国有56个民族,许多少数民族有其独特的服装消费需求、消费方式和购买行为。

4. 家庭组成

现代家庭是社会的细胞,也是商品的主要采购单位。一个国家或地区的家庭单位和家庭平均成员的多少,以及家庭组成状况等,直接影响着服装消费品的需求量。随着少婚、少育、晚婚、晚育等观念的流行,职业妇女的增多,丁克家庭、单亲家庭和独身家庭的比重也在上升,消费者对服装产品的需求与过去相比发生了较大的变化。因此家庭生活对服装产品的需求也在趋于小型化。

5. 人口性别

性别的差异除了使男女在服装消费需求上表现出明显的不同外,在购买习惯与购买行为上也表现出较大的区别,比如,男性的购买特征类型通常表现为理智型,而女性则大多表现为冲动型。企业因此可以根据产品的性别属性制订不同的营销策略。

女装是服装中最为丰富多彩的,也是服装类商品中销售最为活跃的。在大商场中女装的销售区面积是最大的,品牌也是最多的。

过去男装给人的印象是黑、灰、硬、挺,男性对服装的关注程度也大大低于女性。如今随着生活方式和工作需求的改变,男性的着装品位和时尚意识也日益提升,男性服装同样需要根据男人的不同生活方式、不同场景、不同心情去设计开发,在营销策略、品牌宣传等方面也要精心策划。

因此,服装企业可以针对不同性别消费者的不同需求,生产适销对路的产品,制订有效的营销策略,开发更大的市场。

6. 体型特征

对服装而言,合体性是非常重要的。即使面料合适,色彩美观,设计精巧,但是不合身,消费者也不会购买。不同国家、不同种族、不同地域的人体型差异也是非常显著的,因此服装企业必须了解消费者的身体尺寸,这是达到服装合体性的基础。

二、经济环境

经济环境是指企业营销活动所面临的外部社会条件,其运行状况及发展趋势会直接或间接地对服装企业营销活动产生影响。人的需求只有在具备经济能力时才是现实的市场需求。在人口因素既定的情况下,市场需求规模与社会购买力水平呈正比关系。所以,服装企业必须密切关注其经济环境的动向,尤其要着重分析影响社会购买力及其支出结构的变化的各种因素。

1. 收入与支出状况

（1）收入

市场消费需求是指人们有支付能力的需求。仅仅有消费欲望，并不能创造市场，只有既有消费欲望，又有购买力，才具有现实意义。因为，只有既想买，又买得起，才能产生购买行为。在研究收入对消费需求的影响时，主要关注以下五个分析指标。

① 人均国内生产总值。人均国内生产总值，一般是指价值形态的人均GDP。它是一个国家或地区，所有常住单位在一定时期内（如一年），按人口平均所生产的全部货物和服务的价值超过同期投入的全部非固定资产货物和服务价值的差额。它是衡量一个国家经济实力与购买力的重要指标。国内生产总值增长越快，对商品的需求和购买力就越大，反之就越小。

② 个人收入。个人收入是指个人在一定时期内通过各种来源所获得收入的总额。人均收入等于个人收入总额除以总人口。各地区居民收入总额，可用以衡量当地消费市场的容量，人均收入多少，反映了购买力水平的高低。

③ 个人可支配收入。从个人收入中，减除缴纳税金和其他经常性转移支出后，所余下的实际收入，即能够用以作为个人消费或储蓄的数额。

④ 可任意支配的个人收入。在个人可支配收入中，有相当一部分要用来维持个人或家庭的生活以及支付必不可少的费用。只有在可支配收入中减去这部分维持生活的必需支出，才是可任意支配的个人收入，这是影响服装消费需求变化的最活跃的因素。

⑤ 家庭收入。家庭收入的高低会影响很多产品的市场需求。一般来讲，家庭收入高，对消费品需求大，购买力也大；反之，需求小，购买力也小。另外，要注意分析消费者实际收入的变化。注意区分货币收入和实际收入。

（2）支出

支出主要是指消费者支出模式和消费结构。收入在很大程度上影响着消费者支出模式与消费结构。消费者收入的变化，对消费者支出模式有着直接影响，并使其发生具有一定规律的变化。

德国统计学家恩斯特·恩格尔根据他对英国、法国、德国、比利时许多工人家庭收入预算的调查研究，发现了关于工人家庭收入变化与各方面支出变化之间比例关系的规律性，用公式表示为：恩格尔系数＝食物支出变动百分比/收入变动百分比。这个公式又称为食物支出的收入弹性或恩格尔定律。

恩格尔定律具体包括以下三层含义。

第一，随着家庭收入的增加，用于购买食品的支出占家庭收入的比重下降，称恩格尔系数下降。

第二，随着家庭收入的增加，用于住宅建筑和家务经营的开支占家庭收入的比重大体不变。

第三，随着家庭收入的增加，用于其他方面的开支（如服装、交通、娱乐、卫生保健、教育等支出）和储蓄占家庭收入的比重会上升。

2. 消费者的储蓄与信贷

（1）储蓄

储蓄是指城乡居民将可任意支配收入的一部分储存待用。

储蓄的形式，可以是银行存款，可以是购买债券，也可以是手持现金。在一般情况下，消费者并非将其全部收入完全用于当前消费，而是会把收入中的一部分以各种方式储存起来，如储蓄、购买债券、投资股票等，以求保值增值、积少成多，为今后购置高档消费品、大件耐用消费品或急用做准备。当消费者的收入一定时，储蓄增加，现实购买力就会减少；反之，储蓄减少，现实购买力就会增大。所以，储蓄的增减变动会引发市场需求变动，从而对企业营销产生影响。

（2）信贷

信贷是指金融或商业机构向有一定支付能力的消费者融通资金的行为。信贷的主要形式有短期赊销、分期付款、消费贷款等。随着市场经济的发展和人们消费观念的改变，消费者已不局限于用其货币收入来购买商品，还可通过贷款的方式来购买商品，达到消费目的。消费信贷的规模与期限在一定程度上影响着某一时限内现实购买力的大小，也影响着提供信贷的商品的销售量。消费者信贷可以增加人们的购买力，满足更多的需求，从而刺激经济的发展。

3. 经济发展状况分析

企业的市场营销活动要受到一个国家或地区经济发展状况的制约，在经济全球化的条件下，国际经济形势也是企业营销活动的重要影响因素。

（1）经济发展阶段

经济发展阶段的高低，直接影响企业市场营销活动。美国学者罗斯托的经济成长阶段理论，把世界各国经济发展归纳为五种类型：①传统经济社会，②经济起飞前的准备阶段，③经济起飞阶段，④迈向经济成熟阶段，⑤大量消费阶段。凡属前三个阶段的国家称为发展中国家，而处于后两个阶段的国家称为发达国家。

（2）经济形势

经济的高速发展，极大地增强了中国的综合国力，显著地改善了人民生活。同时，国内经济生活中，也还存在一些困难和问题，如经济发展不平衡，产业结构不尽合理，就业问题压力很大等。所有这些国际、国内经济形势，国家、地区乃至全球的经济繁荣与萧条，对服装企业市场营销都有重要的影响。问题还在于，国际或国内经济形势都是复杂多变的，机遇与挑战并存，服装企业必须认真研究，力求正确认识与判断，制订相应的营销战略和计划。

三、自然环境

自然环境是指企业生产经营活动中所面对的地理、气候、资源等方面的种种状况。服装营销活动要受自然环境的影响，也对自然环境的变化负有责任。营销管理者当前应注意自然环境面临的难题和趋势，如很多资源短缺、环境污染严重、能源成本上升等，许多国家政府对自然资源管理的干预也日益加强。人类只有一个地球，自然环境的破坏往往是不可弥补的，服装企业营销战略中实行生态营销、绿色营销等，都是维护全社会的长期福利所必然要求的。因此，服装企业在营销过程中需要重视自然环境方面的变化趋势，正确把握它给企业带来的威胁和机会。

自然环境的差异是服装多样化的原因之一，它对服装营销的影响主要体现在以下几个方面。

(1) 对服装的要求不同

地理环境的差异造成了气候条件不同，从而造成人们对服装选择的不同。生活在寒冷的冰雪地带的因纽特人，为了御寒，裹上厚厚的动物皮毛；而生活在酷暑难熬的沙漠地区的阿拉伯人，为了减少紫外线和风沙的侵害，戴上了头巾，穿上了布袍；在温带，人们四季服装变化明显；而在热带，人们几乎没有夏装以外的服装；在昼夜温差变化很大的青藏高原，人们穿着一种袖子可穿可披的藏袍。

(2) 服装原材料供应不同

自然环境的差异造成了各地服装原材料供应不同，导致了消费者对服装的不同选择。我国华东地区，由于盛产茧丝，致使这一带丝绸原料供应充足，因此，在这一带服装市场上，丝绸服装品种齐全，款式各异。而在地中海地区，由于气候适宜耕种植物和驯养动物，因而人们最容易获得的是植物纤维和羊毛，所以人们很早就掌握了剪取羊毛和提取植物纤维的技术，并将两种纤维混纺成羊绒，而后编织成衣。

由此可见，自然环境决定着自然资源的分布，而自然资源的分布又决定着服装企业获得原材料成本的高低，原材料成本的高低，很大程度上决定着服装企业最终成本的高低。

随着工业化和城镇化的进程，各国环境问题日益突出。当前，自然环境变化最主要的动向是自然资源日益短缺，能源成本趋于提高，环境污染日益严重，政府对自然环境的管理和干预不断加强，公众对环境保护的呼吁日胜一日。从世界范围看，环境保护意识和市场营销观念相结合所形成的绿色市场营销观念成为21世纪市场营销的新主流。

绿色营销的兴起源于生态环境的不断恶化与消费者环保意识的不断增强。所谓绿色营销是指企业在生产经营过程中，将企业自身利益、消费者利益和环境保护利益三者统一起来，以此为中心，对产品和服务进行构思、设计、销售和制造。服装企业开展绿色营销，使产品从生产到消费的全过程实现无污染，不仅会因承担社会责任而树立良好的社会形象，而且会取得附加价值的竞争优势。因此，服装企业开展绿色营销是一个双赢的决策。

四、科学技术环境

科学技术是第一生产力，科技的发展对经济发展有巨大的影响，不仅直接影响服装企业内部的生产和经营，还同时与其他环境因素互相依赖、互相作用，给服装企业营销活动带来有利与不利的影响。总体上讲，服装业包括面料设计、款式设计、样板设计、辅料设计、生产管理、市场营销等众多环节，是一个庞大的系统工程。例如，一种新技术的应用，可以为服装企业创造一个明星产品，产生巨大的经济效益；也可以迫使服装企业的一种成功的传统产品，不得不退出市场。新技术的应用，会引起企业市场营销策略的变化，也会引起企业经营管理的变化，还会改变服装零售业业态结构和消费者购物习惯。

服装企业在进行科技环境分析研究时应注意以下几点。

① 新技术出现的影响力及对本企业的营销活动可能造成的直接和间接的冲击。

② 了解和学习新技术，掌握新的发展动向，以便采用新技术，开发新产品或转入新行业，以求生存和发展。

③ 利用新技术改善服务，提高企业的服务质量和效率。

④ 利用新技术改进企业管理，提高管理水平和企业营销活动效率。

⑤ 新技术的出现对人们生活方式带来的变化及其由此对企业营销活动可能造成的影响。

⑥ 新技术的出现引起商品实体流动的变化。

⑦ 国际营销活动中要对目标市场的技术环境进行考察，以明确其技术上的可接受性。

五、社会文化环境

1. 教育水平

教育是按照一定目的要求，对受教育者施以影响的一种有计划的活动，是传授生产经验和生活经验的必要手段，反映并影响着一定的社会生产力、生产关系和经济状况。教育水平的高低，不仅直接影响着人们的消费行为和消费结构，而且制约着服装企业的市场营销活动。教育水平高的消费者，对新产品的接受能力较强，对商品的内在质量、外观形象、技术说明以及服务有着较高的要求；而教育水平低的消费者，对新产品的接受能力弱，对操作简单方便的商品、通俗易懂的说明书有着更高的要求。对于企业来说，在教育水平高的国家或地区，可以雇用调研人员或委托当地的调研机构完成所需调研的项目，服装企业的促销宣传要灵活多变，可选择互联网等新兴媒体；而在教育水平低的国家或地区，服装企业在开展调研时要有充分的人员准备和适当的方法，在开展促销宣传时应更多地选择电视、广播媒体。

2. 价值观念

价值观念是指人们对社会生活中各种事物的态度和看法。在不同的文化背景下，人们的价值观念差异很大，而且一旦形成改变很难。价值观的不同，必然带来消费者对商品需求和购买行为上的差异。因此，对于价值观不同的消费者，服装企业市场营销人员必须采取不同的策略。对于乐于变革、喜欢新奇、富于冒险精神、比较开放的消费者，服装企业应重点强调商品的新颖和奇特；对于那些注重传统、比较保守、喜欢沿袭传统消费方式的消费者，服装企业在制订有关策略时，应把产品与目标市场的文化传统结合起来。对于不同的价值观念，营销管理者应研究并采取不同的营销策略。

3. 消费习俗

消费习俗是指历代传递下来的一种消费方式，也是人们在长期经济活动与社会活动中所形成的一种消费风俗习惯。消费习俗在饮食、服饰、居住、婚丧、节日、人情往来等方面都表现出独特的心理特征、伦理道德、行为方式和生活习惯。当然，风俗习惯也不是一成不变的，会相互影响。不同的消费习俗具有不同的商品需要，这会给企业带来营销机会。服装企业研究消费习俗，不但有利于组织好消费品的生产与销售，而且有利于正确、主动地引导健康的消费。了解目标市场消费者的禁忌、习俗、信仰、伦理、避讳等，做到入乡随俗，是服装企业有针对性地开展营销活动并取得成功的重要前提。

4. 消费流行

由于社会文化多方面的影响，使消费者产生共同的审美观念、生活方式和情趣爱好，从而导致社会需求的一致性，这就是消费流行。消费流行在服饰、家电以及某些保健品方面，表现最为突出。

5. 亚文化群

亚文化群可以按地域、宗教、种族、年龄、兴趣爱好等特征划分。企业在用亚文化群来分析需求时，可以把每一个亚文化群视为一个细分市场，分别制订不同的营销方案。

第三节 • 服装市场营销微观环境分析

服装企业市场营销的微观环境主要由企业内部参与营销的各部门以及企业的供应商、营销中介、顾客、竞争者和公众组成。

一、服装企业内部因素

企业开展营销活动要充分考虑到企业内部的环境力量和因素。企业是组织生产和经营的经济单位，是一个系统组织。除市场营销管理部门外，企业本身还包括最高管理层和其他职能部门，如制造部门、采购部门、研究开发部门及财务部门等。这些部门与市场营销管理部门一同在最高管理层的领导下，为实现企业目标共同努力着。正是企业内部的这些力量构成了企业内部营销环境。企业内部各职能部门的工作及其相互之间的协调关系，直接影响企业的整个营销活动。而市场营销部门在制订营销计划和决策时，不仅要考虑到服装企业外部的环境力量，而且要考虑到与企业内部其他力量的协调。

二、市场营销渠道

1. 供应商

供应商是向服装企业及其竞争者提供生产经营所需资源的企业或个人，包括提供面料、辅料、零配件、设备、能源、劳务及其他用品等。供应商对服装企业营销业务有实质性的影响，其所供应的面料、辅料数量和质量将直接影响产品的数量和质量；所提供的资源价格会直接影响产品成本、价格和利润。在物资供应紧张时，供应商更起着决定性的作用，其主要作用表现在以下几个方面。

（1）供货的稳定性与及时性

面料、辅料及机器设备等资源的保证是企业营销活动顺利进行的前提。供应量不足或供应短缺，都会影响企业按期完成交货任务。从短期来看，损失了销售额；从长期来看，则损害企业在顾客中的信誉。因此，企业必须和供应商保持密切联系，及时了解和掌握供应商的变化和动态，使货源的供应在数量、时间和连续性上能得到切实的保证。

（2）供货的价格变动

毫无疑问，供货的价格直接影响企业的成本。如果供应商提供原材料的价格高，生产企业也将被迫提高其产品价格，由此可能影响到企业的销售量和利润。

企业要注意价格变化趋势，特别是对面料和辅料的价格现状及趋势要做到心中有数，这样才能使企业应变自如，不致面对突发情况而措手不及。

（3）供货的质量水平

供货的质量包括两个方面。一方面，是供应商所提供的商品本身的质量。如果提供的货物质量不高，或有这样那样的问题，那么企业所生产出来的产品就不可能是高质量的产品。为此，企业必须了解供应商的产品，分析其产品的质量标准，从而来保证自己产品的质量，赢得消费者，赢得市场。另一方面，供货的质量还包括各种售前和售后服务水平。

供应商是对服装企业的生产经营活动产生巨大影响的力量之一。供应商资源供应的稳定性与及时性、资源供应的价格变动以及供应资源的质量水平，直接影响着服装企业产品的价格、销量、利润乃至企业的信誉与生存。服装企业应选择那些能保证质量，交货期准确和低成本的供应商，并且避免对某一家供应商过分依赖，不致受该供应商突然提价或限制供应的控制。因此，服装企业在选择供应商时必须注意以下三个问题。

① 慎重选择供应商。服装企业应在全面了解供应商的实力、信誉和供应资源的质量后，选择那些综合实力强、企业信誉好、产品质量高、成本低、交货期准的供应商。

② 区别对待供应商。服装企业应根据不同的供应商在资源供应中的地位和作用予以区别对待，把那些为企业提供必需资源的少数重点供应商视为合作伙伴加以培育，设法帮助他们提高供货质量和供货的及时性，以保证各类资源的有效供应。

③ 选择适当数量的供应商。服装企业应选择适当数量的供应商，拓宽供货渠道，按不同比重分别从他们那里进货，并使他们互相竞争，从而迫使供应商通过提高服务质量和价格折扣来提高自己的供货比重。这样有利于企业节约成本，确保原材料等资源的供应，避免过分依赖某一家企业而造成不应有的损失。

对于供应商，越来越多的服装企业开始把供应商视为合作伙伴，设法帮助他们提高供货质量和及时性，以便于企业开展营销活动。为保持与供应商的良好合作关系，服装企业必须和供应商保持密切联系，及时了解供应商的变化与动态，使货源供应在时间上和连续性上能得到切实保证；除了保证商品本身的内在质量外，还要有各种售前和售后服务；对主要面辅料的价格水平及变化趋势，要做到心中有数。根据不同供应商所供货物在营销活动中的重要性，服装企业对为数较多的供应商可进行等级归类，以便合理协调，抓住重点。

2. 营销中介

营销中介主要是指协助企业促销、销售和经销其产品给最终购买者的机构，包括中间商、物流公司、营销服务机构等。

（1）中间商

中间商是指把产品从生产商流向消费者的中间环节或渠道，主要包括批发商和零售商两大类。中间商对企业营销具有极其重要的影响，它能帮助服装企业寻找目标顾客，为产品打开销路，为顾客创造地点效用、时间效用和持有效用。一般企业都需要与中间商合作，来完成企业营销目标。为此，服装企业需要选择适合自己营销的合格中间商，必须与中间商建立良好的合作关系，必须了解和分析其经营活动，并采取一些激励性措施来推动其业务活动的开展。

（2）物流公司

物流公司的主要职能是协助厂商储存并把货物运送至目的地的仓储公司。实体分配的要素包括包装、运输、仓储、装卸、搬运、库存控制和订单处理。其基本功能是调节生产与消费之间的矛盾，协助企业将服装产品运往销售目的地，完成产品空间位置的移动。到达目的地之后，还有一段待售时间，还要协助保管和储存。这些物流公司是否安全、便利、经济直接影响企业营销效果。因此，在企业营销活动中，必须了解和研究物资分销机构及其业务变化动态。以便适时、适地和适量地把商品供给消费者。

（3）营销服务机构

营销服务机构，如广告公司、传播公司等。企业可自设营销服务机构，也可委托外部营销服务机构代理有关业务，并定期评估其绩效，促进提高创造力、质量和服务水平。这些机构对服装企业的营销活动会产生直接的影响，它们的主要任务是协助企业确立市场定位，进行市场推广，提供活动方便。一些大的服装企业或公司往往有自己的广告和市场调研部门，但大多数企业则以合同方式委托这些专业公司来办理有关事务。为此，企业需要关注、分析这些服务机构，选择最能为本企业提供有效服务的机构。

供应商和营销中介都是服装企业向消费者提供产品或服务价值过程中不可缺少的支持力量，是价值让渡系统中主要的组成部分。企业不仅仅把它们视为营销渠道成员，更要视为伙伴，追求整个价值让渡系统业绩的最大化。

三、顾客

顾客，即服装企业的目标市场，也是服装企业服务的对象，是企业的"上帝"。顾客可以是个人、家庭，也可以是机构组织和政府部门。他们可能与企业同在一个国家也可能在其他国家和地区。企业应按照顾客及其购买目的的不同来细分目标市场。根据购买者的购买动机的不同对企业的目标顾客进行分类。

1. 消费者市场

消费者市场是指为了满足个人或家庭消费需求购买产品或服务的个人和家庭。

2. 政府市场

政府市场是指购买产品或服务，以提供公共服务或把这些产品及服务转让给其他需要的人的各级政府机构。

3. 国际市场

国际市场是指国外购买产品或服务的个人及组织，包括外国消费者、生产商、中间商及政府。

上述市场每种又可以细分为若干不同的市场部分。这些顾客不同的、变化着的需求，要求企业以不同的方式提供不同的产品或服务，从而影响服装企业营销决策的制定和实施。

四、竞争者

企业不能独占市场，都会面对形形色色的竞争对手。在竞争性的市场上，除来自本行业的竞争外，还有来自代用品生产者、潜在加入者、原材料供应者、购买者等多种力量。服装企业要想成功，必须在满足消费者需要和欲望方面比竞争对手做得更好。每个服装企业的产品在市场上都存在数量不等的业内产品竞争者。企业的营销活动时刻处于业内竞争者的干扰和影响的环境之下，服装企业必须加强对竞争者的研究，了解对本企业形成威胁的主要竞争对手及其策略，力量对比如何，知己知彼，扬长避短，采取适当而高明的战略与策略谋取胜利，以不断巩固和扩大市场，才能在顾客心目中强有力地确定其所提供产品的地位，以获取战略优势。

五、公众

公众是指对本企业实现营销目标的能力具有实际或潜在利益关系或者影响力的群体及个人。公众对服装企业的态度，会对其营销活动产生巨大的影响，它既可以帮助企业树立良好的形象，也可能妨碍企业的形象。所以服装企业必须处理好与主要公众的关系，争取公众的支持和偏爱，为自己营造和谐、宽松的社会环境。

1. 融资公众

融资公众是指影响企业融资能力的金融机构，如银行、投资公司、证券公司、保险公司等。

2. 媒介公众

媒介公众主要是指报纸、杂志、广播电台、电视台和互联网等大众传播媒体。

3. 政府公众

政府公众是指负责管理企业营销业务的有关政府机构。企业的发展战略与营销计划，必须和政府的发展计划、产业政策、法律法规保持一致，注意咨询有关产品安全卫生、广告真实性等法律问题，倡导同业者遵纪守法，向有关部门反映行业的实情，争取立法有利于产业的发展。

4. 社团公众

社团公众包括保护消费者权益的组织、环保组织及其他群众团体等。

5. 社区公众

社区公众是指企业所在地邻近的居民和社区组织。

6. 一般公众

一般公众是指上述各种关系公众之外的社会公众。一般公众虽未有组织地对企业采取行动，但企业形象会影响他们的惠顾。

7. 内部公众

企业的员工包括高层管理人员和一般职工，都属于内部公众。企业的营销计划，需要全体职工的充分理解、支持和具体执行。经常向员工通报有关情况，介绍企业发展计划，发动员工出谋献策，关心职工福利，奖励有功人员，增强内部凝聚力。员工的责任感和满意度，必然传播并影响外部公众，从而有利于塑造良好的企业形象。

第四节 • 服装市场营销环境分析与营销对策

一、营销环境的分析与评价

1. 环境威胁与市场机会的概念

服装市场营销环境是通过对服装企业构成威胁或提供机会而影响营销活动的。

环境威胁，是指环境中不利于企业营销的因素的发展趋势，对企业形成挑战，对企业的市场地位构成威胁。这种挑战可能来自国际经济形势的变化，如2008年爆发的全球金融危机，给世界多数国家的经济和贸易带来负面影响。挑战也可能来自社会文化环境的变化，如国内外对环境保护要求的提高，某些国家实施"绿色壁垒"，对某些服装企业生产不完全符合环保要求的服装产品的企业，无疑也是一种严峻的挑战。

市场机会，是指对企业营销活动富有吸引力的领域，在这些领域，企业拥有竞争优势。环境机会对不同企业有不同的影响力，企业在每一特定的市场机会中成功的概率，取决于其业务实力是否与该行业所需要的成功条件相符合，如企业是否具备实现营销目标所必需的资源，企业是否能比竞争者利用同一市场机会获得较大的"差别利益"。

2. SWOT 分析法

在服装企业战略性营销分析中，流行一种简便易行的 SWOT 分析法。SWOT 分析法是一种能够较客观而准确地分析和研究一个单位现实情况的方法。利用这种方法可以从中找出对自己有利的、值得发扬的因素，以及对自己不利的、如何去避开的东西，发现存在的问题，找出解决办法，并明确以后的发展方向。根据这个分析，可以将问题按轻重缓急分类，明确哪些是目前急需解决的问题，哪些是可以稍微拖后的事情；哪些属于战略目标上的障碍，哪些属于战术上的问题。它很有针对性，有利于领导者和管理者在单位的发展上做出较正确的决策和规划。

"S"是指企业内部的优势（strengths），"W"是指企业的劣势（weaknesses），"O"表示来自企业外部的机会（opportunities），"T"表示企业面临的外部威胁（threats）。一般来说，分析企业的内外部状况通常是从这四个方面入手的。当前在运用 SWOT 分析法研究企业的战略性营销规划的发展时，就要强调寻找四个方面中与企业战略性营销密切相关的主要因素，而不是把所有关于企业优势、劣势、机会与威胁逐项列出和汇集。

运用 SWOT 分析方法，不仅可以分析本企业的实力与弱点，还可以用来分析主要竞争对手。通过企业与竞争对手在人力、物力、财力以及管理能力等方面的比较，做出企业的实力-弱点的对照表，结合机会-威胁的分析，最后确定服装企业的战略。

3. 威胁与机会的分析、评价

服装企业面对威胁程度不同和市场机会吸引力不同的营销环境，需要通过环境分析来评估环境机会与环境威胁。企业最高管理层可采用"威胁分析矩阵图"和"机会分析矩阵图"来分析、评价营销环境。

（1）威胁分析

对环境威胁的分析，一般着眼于两个方面：一是分析威胁的潜在严重性，即影响程度；二是分析威胁出现的可能性，即出现概率。

（2）机会分析

机会分析主要考虑其潜在的吸引力（盈利性）和成功的可能性（企业优势）大小。

通过对市场机会与环境威胁的分析，服装企业可以准确地找到自己面临的市场机会和环境威胁的位置，确定主攻方向。同时，对市场机会和环境威胁进行比较，分析是机会占主导地位还是威胁占主导地位，还可以确定企业的发展前景。如果将市场机会分析矩阵和环境威胁分析矩阵结合起来分析，就可以得出机会和威胁分析矩阵。

二、服装企业营销对策

1. 服装企业面对机会的对策

对市场机会的分析，还必须深入分析机会的性质，以便服装企业寻找对自身发展最有利的市场机会。

（1）环境市场机会与企业市场机会

市场机会实质上是"未满足的需求"。伴随着需求的变化和产品生命周期的演变，会不断出现新的市场机会。但对不同企业而言，环境机会并非都是最佳机会，只有理想业务和成熟业务才是最适宜的机会。

（2）行业市场机会与边缘市场机会

企业通常都有其特定的经营领域，出现在本企业经营领域内的市场机会，即行业市场机会，出现在不同行业之间的交叉与结合部分的市场机会，则称为边缘市场机会。一般来说，边缘市场机会的业务，进入难度要大于行业市场机会的业务，但行业与行业之间的边缘地带，有时会存在市场空隙，企业在发展中也可用以发挥自身的优势。

（3）目前市场机会与未来市场机会

从环境变化的动态性来分析，企业既要注意发现目前环境变化中的市场机会，也要面对未来，预测未来可能出现的大量需求或大多数人的消费倾向，发现和把握未来的市场机会。

2. 服装企业面对环境威胁的对策

面对环境对企业可能造成的威胁，企业常用的方法有以下三种。

（1）对抗策略

对抗策略，也称抗争策略，即试图通过自己的努力限制或扭转环境中不利因素的发展。如通过各种方式促使（或阻止）政府通过某种法令或有关权威组织达成某种协议，努力促使某项政策或协议的形成以用来抵消不利因素的影响。

（2）减轻策略

减轻策略，也称削弱策略，即企业力图通过改变自己的某些策略，达到降低环境变化威胁对企业的负面影响程度。

（3）转移策略

转移策略，也称转变或回避策略，是指企业通过改变自己受到威胁的主要产品的现有市场或将投资方向转移来避免因环境变化对企业的威胁。它包含以下不同的"转移"：①企业原有销售市场的转移；②企业往往不仅仅限于目标市场的改变，而且常常做自身行业方面的调整；③企业依据营销环境的变化，放弃自己原有的主营产品或服务，将主要力量转移到另一个新的行业中。

第三章
服装消费者行为分析

第一节 • 服装消费者购买行为

一、消费者市场

消费者市场也称最终产品市场，是指个人或家庭为生活消费而购买、租赁产品或服务的市场。它是市场营销学研究的主要对象，是所有商品的最终市场。无论是产业市场还是中间商市场，其最终的服务对象都是消费者市场，因此全面动态地了解消费者需求，掌握消费者市场的特征及其发展趋势是服装企业生存与发展的重要前提。

二、服装消费者的需求及其特点

1. 消费者需求概述

消费者需求是指人们为了满足物质和文化生活的需要，而对物质产品和服务的具有货币支付能力的欲望和购买能力的总和。

随着市场经济的迅猛发展，顾客至上已成为许多服装企业的服务理念。消费的需求就是销售者的市场，怎样把握这个市场，就成为各服装企业长期探究的问题。

从新产品创意的产生，创意的筛选，产品概念的形成，市场营销战略的制订，商业情况分析，产品的开发，市场信息试销，到最后产品的正式上市，这一系列环节都不是一个孤立的环节，它都与消费者的需求密切相关。也就是说，产品的研发都是离不开消费者需求的，离开了消费者需求的产品就不再是商品。

一个企业要使自己生产的产品达到好的销售水平，提高自己产品的市场占有率，扩大销售额，就要对消费者需求进行分析。这个分析首先就必须要了解消费者的需求心理，对于他们购买什么、何时购买、何处购买、由谁购买、为何购买、如何购买这一系列问题进行客观的市场调研分析，准确掌握消费者的需求特性，以利于企业更好地开展活动。

2. 服装消费者需求特点

根据市场综合分析，服装消费者需求存在着以下特征。

① 服装产品品种需求的差异性。中国消费市场广大，人数众多。不同的民族、不同的地区存在着差异，同一民族、同一地区又因为性别、年龄、职业、知识层面、性格等不同，存在着不同的消费嗜好，这就要求企业的销售产品要满足多品种、小批量的要求。

② 服装产品档次需求的层次性。亚伯拉罕·马斯洛需求层次理论，把人们的需求分为生理需求、安全需求、社交需求、尊重需求和自我实现需求这五个层次的需求。由于经济因素的影响，人们的需求行为总是从低级需求向高级需求发展的。只有当低一级的需求得到满足时，人们才开始追求高一级的需求。在不同的层次，对需求的要求也各不相同。这就要求企业开发多品牌、不同档次的服装产品来满足大部分消费者的同时，还要抓住 VIP 消费者。

③ 服装消费者需求存在诱导性。消费者既不等于购买者也不等于使用者。正是由于这三者之间存在过渡，使得消费者需求存在诱导性。消费者是一个笼统的概念，它集发起者、影响者、决策者、购买者、使用者五个角色于一体。在不同的品牌、品种、不同的销售时间、地点情况下，消费者存在很大的选择性。因为他们不仅仅是像使用者那样注重产品的功效，而更有可能因为产品的包装、价格、销售方式的不同，而发生购买行为的变化，这样就要求服装企业在产品销售时正确地采用产品组合策略、价格策略、渠道策略和促销方式对产品进行销售。

④ 服装消费者需求存在时代性。经济的快速发展和人民生活水平逐步地提高，使时尚成为大多数消费者追求的目标，特别是女性消费者，她们的消费理念就不是仅限于满足基本的物质需要，而是更多地追求享受性消费和智能性消费。这样就要求服装企业在产品开发时要注重创新意识，多开发新奇的产品，而不是复制旧的产品。

⑤ 服装消费者需求存在季节性。随着四季气候的周期变化，消费者消费需求也存在着周期的变化。当然这不排除部分消费者为了价格上差异，呈现出夏买棉袄、冬买凉鞋的情况，但这毕竟是少部分消费群体。服装本身的季节性和流行性的特点要求服装企业在产品定购上做好计划，通过一些现代的方法制定经济批量，做好仓储管理中的安全库存部分，确保服装企业能有效正常地运行。

另外，消费者的购买需求活动还是一个情绪上的过程。其分为悬念阶段（对新产品产生的不安情绪阶段）、定向阶段（对产品初步印象进行定向的阶段）、强化阶段（对购买决策的制订阶段）和冲突阶段（对购买决定的行动表现阶段）。在这四个阶段中,销售者想要成功地推出自己的产品就必须抓住消费者的强化阶段。通过各种强化措施,刺激消费,根据消费者在购买动机上表现出的追求实用、追求健康、追求便利、追求廉价、追求新奇、追求美感、追求名望等的不同,掌握其购买特性,并对自己企业的销售方式、销售时间、销售地点、销售内容,进行科学的市场分析,从而达到业绩上的突破。

三、服装消费者的购买动机及其类型

1. 服装消费者的购买动机

购买动机是使消费者做出购买某种商品决策的内在驱动力,是引起购买行为的前提,也就是引起行为的缘由。

动机分为两类,一类是生理性的,如肚子饿了会产生对食物的需要,口渴了会产生对水的需要。这些都属于生理需要,企业改变不了,也不是营销研究的对象,而只能去适应它。另二类是心理性动机。顾客想不想买,是可以通过营销努力来改变的,这是我们研究的重点。

2. 常见的服装消费者购买动机

① 求实购买动机。求实购买动机是指消费者以追求商品或服务的使用价值为主导倾向的购买动机,注重实惠和实用原则,强调服装产品的效用和质量,讲求朴实大方、经久耐穿、使用便利,而不过分关心产品的造型、品牌和包装。

② 求新、求异购买动机。求新、求异购买动机是指消费者以追求服装商品和服务的时尚、新颖、奇特为主导倾向的购买动机,注重服装产品的时髦和新奇,讲求产品的款式和社会流行样式。尤其在追求个性化的青年人中普遍存在这类动机。

③ 求美购买动机。求美购买动机是指消费者以追求商品欣赏价值和艺术价值为主要倾向的购买动机,注重产品的颜色、造型、款式、包装等外观因素,讲求服装产品的风格和个性化特征的美化、装饰作用及其所带来的美感享受。

④ 求名、求优购买动机。求名、求优购买动机是指消费者以追求名牌、高档商品,借以显示或提高自己的身份、地位而形成的购买动机,注重服装产品的社会声誉和象征意义,讲究产品与其生活水平、社会地位和个性特征的关联性。

⑤ 求廉、求利购买动机。求廉、求利购买动机是指消费者以追求商品和服务的价格低廉为主导倾向的购买动机,注重物美价廉,尤其注重服装产品的价格变动,而对服装产品的质量、花色、款式、品牌、包装等则不是十分挑剔。

⑥ 求方便购买动机。求方便购买动机是指消费者以追求商品购买和使用过程中的省时、便利为主导倾向的购买动机,注重购买过程的时间和效率,希望能快速、便捷地买到中意、适合需要的服装。

⑦ 模仿或从众动机。模仿或从众动机是指消费者在购买商品时自觉不自觉地模仿他人的购买行为而形成的购买动机。该动机通常在相关群体和社会风气的影响下产生，跟随他人购买特定品牌、特定款式的服装，而未顾及自身特点和需要，因此会有一定的盲目性和不成熟性。

需要指出的是，上述购买动机绝不是彼此孤立的，而是相互交错、相互制约的。在有些情况下，一种动机占据支配地位，其他动机起辅助作用；在另外一些情况下，可能是另外的动机起主导作用，或者是几种动机共同起作用。因此，在调查、了解和研究过程中，对消费者购买动机切忌做静态和简单的分析。

四、服装消费者购买行为

1. 服装消费者购买行为的含义

服装消费者购买行为是指消费者为满足其个人或家庭生活需求而发生的购买服装商品的决策过程。

消费者的购买行为是复杂的，其购买行为的产生是受到其内在因素和外在因素的相互促进及交互影响的。企业营销通过对消费者购买行为的研究，来掌握其购买行为的规律，从而制订出有效的市场营销策略，实现企业营销目标。

2. 服装消费者购买行为模式

消费者市场人数众多，购买品种成千上万，消费者因其个性、经历、需求等不同而呈现出不同的购买行为，包括复杂型、多样型、习惯型等。

第二节 • 影响消费者购买行为的主要因素

研究影响消费者购买行为因素，对服装企业开展有效的市场营销活动至关重要。影响消费者购买行为的非经济因素主要有外部因素和内部因素。外部因素主要有消费者所处的文化环境，消费者所在的社会阶层，消费者所接触的各种社会团体，以及消费者在这些社会团体中的角色和地位等；内部因素则是指消费者的个人因素和心理因素。个人因素包括消费者的性别、年龄、职业、教育、个性、经历与生活方式等，心理因素包括购买动机、对外界刺激的反应方式、学习方式以及态度与信念等。这些因素不仅在某种程度上决定消费者的决策行为，而且它们对外部环境与营销刺激的影响起到放大或抑制作用。

一、文化因素

1. 文化概述

文化有广义与狭义之分。广义的文化是指人类创造的一切物质财富和精神财富的总和。狭义的文化是指人类精神活动所创造的成果,如哲学、宗教、科学、艺术、道德等。在消费者行为研究中,由于研究者主要关心文化对消费者行为的影响,所以将文化定义为一定社会经过学习获得的、用以指导消费者行为的信念、价值观和习惯的总和。文化具有动态性、群体性、社会性和无形性的特点。

文化通过对个体行为进行规范和界定进而影响家庭等社会组织。文化本身也随着价值观、环境的变化或随着重大事件的发生而变化。价值观是关于理想的最终状态和行为方式的持久信念,它代表着一个社会或群体对理想的最终状态和行为方式的某种共同看法。文化价值观为社会成员提供了关于什么是重要的、什么是正确的,以及人们应追求一个什么最终状态的共同信念。它是人们用于指导其行为、态度和判断的标准,而人们对于特定事物的态度一般也是反映和支持他们的价值观的。

文化价值观可分为有关社会成员间关系的价值观、有关人类环境的价值观以及有关自我的价值观三类。这些价值观对于消费者行为具有重要影响,并最终影响着服装企业营销策略的选择及其成败得失。有关社会成员之间关系的价值观反映的是一个社会关于该社会中个体与群体、个体之间以及群体之间适当关系的看法,其中包括个人与集体、成人与孩子、青年与老年、男人与妇女、竞争与协作等方面。

有关人类环境的价值观反映的是一个社会关于该社会与自然、经济以及技术等环境之间关系的看法,其中包括自然界、个人成就与出身、风险与安全、乐观与悲观等方面。

有关自我的价值观反映的是社会各成员的理想生活目标及其实现途径,其中包括动与静、物质与非物质主义、工作与休闲、现在与未来、欲望与节制、幽默与严肃等方面。

不同国家、地区或不同群体之间,语言上的差异是比较容易察觉的。但是易于为人们所忽视的往往是那些影响非语言沟通的文化因素,包括时间、空间、礼仪、象征、契约、友谊等。这些因素上的差异往往也是难以察觉、理解和处理的。对一定社会各种文化因素的了解将有助于营销者提高消费者对其产品的接受程度。

2. 文化对消费行为的影响

文化对于人们行为的影响有一些突出的特征。

① 具有明显的区域属性。生活在不同的区域人们的文化特征会有较大的差异，这是由于文化本身也是一定的生产和生活方式的产物。同一区域的人们具有基本相同的生产和生活方式，能进行较为频繁的相互交流，故能形成基本相同的文化特征。而不同区域的人们由于生产与生活方式上的差异，交流的机会也比较少，文化特征的差异就比较大。如西方人由于注重个人创造能力发挥，比较崇尚个人的奋斗精神，注重个人自由权益的保护；而东方人由于注重集体协作力量的作用，比较讲究团队精神，注重团体利益和领导权威性的保护。这种文化意识往往通过正规的教育和社会环境的潜移默化，自幼就在人们的心目中形成。然而，随着区域间人们交流频率的提高和交流范围的扩大，区域间的文化也会相互影响和相互交融，并可能对区域文化逐步地加以改变。

② 具有很强的传统属性。文化的遗传性是不可忽略的。由于文化影响着教育、道德观念甚至法律等，是对人们的思想和行为发生深层次影响的社会因素，所以一定的文化特征就能够在一定的区域范围内得到长期延续。对某一服装市场的文化背景进行分析时，一定要重视对传统文化特征的分析和研究。此外，必须注意到的是，文化的传统性会引发两种不同的社会效应。一是怀旧复古效应，利用人们对传统文化的依恋，可创造出很多市场机会；二是追新求异效应，即大多数年轻人所追求的"代沟"效应。这将提醒我们在研究文化特征时必须注意多元文化的影响，同时又可利用这一效应创造出新的市场机会。

③ 具有间接的影响作用。文化对人们的影响在大多数情况下是间接的，即所谓的"潜移默化"。其往往首先影响人们的生活和工作环境，进而再影响人们的行为。一些企业注意到，通过改变人们的生活环境来影响人们的消费习惯的做法，往往十分见效。

3. 亚文化

亚文化是一个不同于文化类型的概念。所谓亚文化，是指某一文化群体所属次级群体的成员共有的独特信念、价值观和生活习惯。每一亚文化都会坚持其所在的更大社会群体中大多数成员主要的文化信念、价值观和行为模式。同时，每一种文化都包含着能为其成员提供更为具体的认同感和社会化的较小的亚文化。目前，国内、国外营销学者普遍接受的是按民族、宗教、种族、地理划分亚文化的分类方法。

① 民族亚文化。几乎每个国家都是由不同民族所构成的。不同的民族，都各有其独特的风俗习惯和文化传统。

② 种族亚文化。白种人、黄种人、黑种人都各有其独特的文化传统、文化风格和态度。他们即使生活在同一国家甚至同一城市，也会有自己特殊的需求、爱好和购买习惯。

③ 地理亚文化。地理环境上的差异也会导致人们在消费习惯和消费特点上的

不同。长期形成的地域习惯，一般比较稳定。自然地理环境不仅决定着一个地区的产业和贸易发展格局，而且间接影响着一个地区消费者的生活方式、生活水平、购买力的大小和消费结构，从而在不同的地域可能形成不同的商业文化。

不同的亚文化会形成不同的消费亚文化。消费亚文化是一个独特的社会群体，这个群体以产品、品牌或消费方式为基础，形成独特的模式。这些亚文化具有一些共有的内容，比如一种确定的社会等级结构；一套共有的信仰或价值观；独特的用语、仪式和有象征意义的表达方式等。消费亚文化对营销者比较重要，因为有时一种产品就是构成亚文化的基础，是亚文化成员身份的象征，如高级轿车。同时符合某种亚文化的产品会受到其他社会成员的喜爱。

二、社会因素

1.参照群体

参照群体是与消费者密切相关的社会群体，它与隶属群体相对应。参照群体又可分为直接参照群体和间接参照群体。

相关群体可分为三类：一是对个人影响最大的群体，如家庭、亲朋好友、邻居和同事等；二是影响较次一级的群体，如个人所参加的各种社会团体；三是个人并不直接参加，但影响也很显著的群体，如社会名流、影视演员、球星等，这些被称为崇拜性群体。这种崇拜性群体的一举一动常会成为人们模仿的样板，因此很多服装企业花高价请这些名人穿、用它们的产品，这可收到显著的示范效应。但是，相关群体对消费者的影响，因购买的商品不同也有所不同，对价值小和使用时不易被他人觉察的服装商品影响较小，而对价值大和使用时易为他人觉察的商品影响较大。

参照群体对其成员的影响程度取决于多方面的因素，主要有：①产品使用时的可见性，②产品的必需程度，③产品与群体的相关性，④产品的生命周期，⑤个体对群体的忠诚程度，⑥个体在购买中的自信程度。

参照群体概念在服装营销中的运用，表现为以下四种。

① 名人效应。对很多人来说，名人代表了一种理想化的生活模式。正因为如此，服装企业花巨额费用聘请名人来促销其产品。研究发现，用名人做支持的广告较不用名人的广告评价更正面和积极，这一点在青少年群体上体现得更为明显。运用名人效应的方式多种多样，如可以用名人作为产品或公司代言人；也可以用名人做证词广告，即在广告中引述广告产品或服务的优点和长处，或介绍其使用该产品或服务的体验；还可以采用将名人的名字使用于产品或包装上等做法。

② 专家效应。专家是指在某一专业领域受过专门训练，具有专门知识、经验和特长的人。医生、律师、营养学家等均是各自领域的专家。专家所具有的丰富

知识和经验,使其在介绍、推荐产品与服务时较一般人更具权威性,从而产生专家所特有的公信力和影响力。当然,在运用专家效应时,一方面应注意法律的限制;另一方面,应避免公众对专家的公正性、客观性产生怀疑。

③ 普通人效应。运用满意顾客的说辞来宣传企业的产品,是广告中常用的方法之一。由于出现在荧屏上或画面上的代言人是与潜在顾客一样的普通消费者,使受众感到亲近,从而广告诉求更容易引起共鸣。例如,一些服装公司在电视广告中展示普通消费者或普通家庭如何使用广告中的产品,如何从产品的消费中获得美感等。

④ 经理型代言人。自20世纪70年代以来,越来越多的企业在广告中用公司总裁或总经理做代言人。

2. 家庭

家庭是社会最基本的组织细胞,也是最典型的消费单位,研究影响购买行为的社会因素不能不研究家庭。家庭对购买行为的影响主要取决于家庭的规模、家庭的性质(家庭的生命周期)以及家庭的购买决策方式等。

不同规模的家庭有着不同的消费特征与购买方式。家庭也有其发展的生命周期,处于发展周期不同阶段的家庭,由于家庭性质的差异,其消费与购买行为也有很大的不同。一般来说,家庭的生命周期可划分为八个主要阶段。

① 单身阶段。已参加工作,独立生活,处于恋爱、择偶时期。处于这一阶段的年轻人几乎没有经济负担,大量的收入主要花费在食品、书籍、时装、社交和娱乐上。

② 备婚阶段。已确定未婚夫妻关系并积极筹备婚事,处于这一阶段的人们为构筑一个幸福的小家庭,购置成套家具、耐用消费品、高级时装和各种结婚用品,装修新房等成了他们除了工作以外的基本生活内容,从而使此阶段成为家庭生命周期中一个消费相对集中的阶段。

③ 新婚阶段。已经结婚,但孩子尚未出生。这一阶段家庭将继续添置一些应购未购的生活用品,如果经济条件允许,娱乐方面的花费可能增多。

④ 育婴阶段。有6岁以下孩子的家庭。按照传统观念,有孩子的家庭才是完整的家庭,故称"满巢"。孩子诞生后将成为家庭消费的重点。因此,此阶段家庭会在哺育婴儿的相关消费上做比较大的投资。

⑤ 育儿阶段。有6岁至18岁孩子的家庭。孩子在逐步长大成人,家庭的主要消费仍在孩子身上。所不同的是,此阶段孩子的教育费用将成为家庭消费的重要组成部分。除学费之外,各种课外学习与娱乐的开支也会大大增加。

⑥ 未分阶段。有18岁以上尚未独立生活的子女的家庭。此时子女已经长大成人,但仍同父母住在一起。此阶段家庭消费的主要特点是家庭的消费中心发生了分化。父母不再将全部消费放在子女身上,也开始注重本身的消费;而子女随着

年龄的增长，在消费方面的自主权开始增加；有些子女参加了工作，有了一定的经济来源，消费的独立性会显得更为明显。

⑦ 空巢阶段。孩子相继成家，独立生活。这一时期的老年夫妇家庭，由于经济负担减轻，他们的消费数量将减少，消费质量将提高。保健、旅游将成为消费的重点，社交活动也会有所增加。另外，在中国，一些老人经常会毫不吝惜地将钱花在第三代身上。

⑧ 鳏寡阶段。夫妻一方先去世，家庭重新回到单人世界，此时最需要的消费是医疗保健、生活服务和老年社交活动。

不同阶段的家庭有不同的需求特点，营销者只有明确自己的目标市场处于家庭生命周期的什么阶段，并据以发展适销的产品和拟定适当的营销计划，才能取得成功。

三、个人因素

除了文化和社会的差异之外，消费者的个人因素在其购买决策中也发挥着重要的作用。我们可以看到，在相同的社会和文化背景下，消费者的购买行为也存在着相当大的差异。生活在同一个家庭中的姐妹，有的喜欢在家看书，有的喜欢外出旅游；在同一单位工作的同事，有的花钱大方，有的十分节俭。这说明除了文化与社会的因素之外，消费者的个人因素对于其购买行为起着更为明显的作用。个人因素中包含年龄与性别、职业与教育、生活方式、人格特征等。

1. 年龄与性别

年龄与性别是消费者最为基本的个人因素，具有较大的共性特征。了解不同年龄层次和不同性别消费者的购买特征，才能对不同的商品和顾客制定准确的营销方案。

2. 职业与教育

由于所从事的职业不同，人们的价值观念、消费习惯和行为方式存在着较大的差异。职业的差别使人们在衣、食、住、行等方面有着显著的不同。譬如，通常不同职业的消费者在衣着的款式、档次上会做出不同的选择，以符合自己的职业特点和社会身份。

3. 生活方式

生活方式是个体在成长过程中，在与社会因素相互作用下表现出来的活动、兴趣和态度模式。生活方式包括个人和家庭两个方面，两者相互影响。

生活方式与个性既有联系又有区别。一方面，生活方式很大程度上受个性的影响。一个具有保守、拘谨性格的消费者，其生活方式不大可能太多地包容诸如攀岩、跳伞、蹦极之类的活动。另一方面，生活方式关心的是人们如何生活、如何花费、如何消磨时间等外在行为，而个性则侧重从内部来描述个体，它更多地反映个体思维、情感和知觉特征。可以说，两者从不同的层面来刻画个体。区分个性和生活方式在营销上具有重要的意义。一些研究人员认为，在市场细分过程中过早以个性区分市场，会使目标市场过于狭窄。因此，他们建议，营销者应先根据生活方式细分市场，然后再分析每一细分市场内消费者在个性上的差异。如此，可使营销者识别出具有相似生活方式的大量消费者。

4. 人格特征

不同的消费者，由于个性的不同，他们的消费倾向和购买习惯也不同。就人的个性来说，分为外向与内向、细腻与粗犷、稳重与急躁、乐观与悲观、领导型与追随型、独立型与依赖型等。生活方式是指一个人在生活方面表现出来的活动、兴趣、看法的模式。具有不同的个性和不同生活方式的人对产品有不同的要求，企业在设计、生产、销售产品时，一定要充分考虑消费者个性及生活方式的差异性，以使产品更具有竞争力。

第三节 • 服装消费者购买决策过程

一、服装消费者购买决策过程的参与者

购买决策在许多情况下并不是由一个人单独做出的，而是有其他成员的参与，是一种群体决策的过程。消费者在选择和决定购买某种个人消费品时，常常会同他人商量或者听取他人的意见。

认识购买决策的群体参与性，对于服装企业营销活动有十分重要的意义。一方面，服装企业可根据各种不同角色在购买决策过程中的作用，有的放矢地按一定的程序分别进行营销宣传活动；另一方面，也必须注意到有些商品在购买决策中的角色错位，如男士的内衣、剃须刀等生活用品有时会由妻子决策和采购等，这样才能找到准确的营销对象，提高营销活动的效果。

一般来说，参与购买决策的成员大体可形成以下五种主要角色。

① 发起者。即购买行为的建议人，首先提出要购买某种服装产品。

② 影响者。对发起者的建议表示支持或者反对的人，这些人不能对购买行为的本身进行最终决策，但是他们的意见会对购买决策者产生影响。

③ 决策者。对是否购买，怎样购买有权进行最终决策的人。

④ 购买者。执行具体购买任务的人。其会对产品的价格、质量、购买地点进行比较选择，并同卖主进行谈判。

⑤ 使用者。服装产品的实际使用人。其决定了对其产品的满意程度，会影响购买后的行为和再次购买的决策。

这五种角色相辅相成，共同促成了购买行为，是服装企业营销的主要对象。必须指出的是，五种角色的存在并不意味着每一种购买决策都必须要五人以上才能做出，在实际购买行为中有些角色可在一个人身上兼而有之，如使用者可能也是发起者，决策者可能也是购买者。而且在非重要的购买决策活动中，决策参与的角色也会少一些。

二、服装消费者购买行为的类型

服装消费者的购买行为除了受动机的支配外，在具体购买活动中还受到诸如个人性格、修养、气质、情绪等个性的影响。因此，服装消费者的购买行为可划分为不同的类型。

服装消费者购买行为可按参与者介入程度和品牌间的差异程度划分为以下几种类型。

1. 习惯性购买行为

习惯性购买行为是消费者对价格低廉、经常购买、品牌差异小的产品花最少的时间，就近购买的一种购买行为。它是最简单的购买行为，如购买便利品的行为。

针对习惯性购买行为服装企业应采取的营销策略如下。

① 产品改良，突出品牌效应。即增加产品新的用途与功能，保质保量，创立品牌。

② 利用价格与销售促进吸引消费者试用。

③ 在居民区和人口流动性大的地区广设销售网点，使消费者随时随地购买。

④ 加大促销力度。利用销售促进吸引新顾客，回报老顾客；在广告宣传上力争简洁明快，突出视觉符号与视觉形象。

2. 多样性购买行为

多样性购买行为是指消费者对产品品牌差异大、功效近似的产品，不愿多花时间进行选择，而是随意购买的一种购买行为。

针对多样性购买行为，服装企业应采取的营销策略有以下几点。

① 采取多品牌策略，突出各种品牌的优势。多品牌策略是指企业在相同产品类别中同时为一种产品设计两种或两种以上互相竞争的品牌策略。

② 价格拉开档次。

③ 占据有利的货架位置，扩大本企业产品的货架面积，保证供应。
④ 加大广告投入，树立品牌形象，使消费者形成习惯性购买行为。

3. 协调性购买行为

协调性购买行为是指消费者对品牌差异小、不经常购买、单价高、购买风险大的产品，需要花费大量时间和精力去选购，购买后又容易出现不满意等失衡心理状态，需要商家及时化解的购买行为，如购买家用电器、旅游度假等。消费者购买此类产品往往是"货比三家"，谨防上当受骗。

针对协调性购买行为，服装企业应采取的营销策略有以下几点。
① 价格公道、真诚服务、创名牌，树立企业良好形象。
② 选择最佳的销售地点。即与竞争对手同处一地，便于消费者选购。
③ 采用人员推销策略，及时向消费者介绍产品的优势，化解消费者心中的疑虑，消除消费者的失落感。

4. 复杂性购买行为

复杂性购买行为是指消费者对价格昂贵、品牌差异大、功能复杂的产品，由于缺乏必要的产品知识，需要慎重选择，仔细对比，以求降低风险的购买行为。消费者在购买此类产品的过程中，经历了收集信息、产品评价、慎重决策、用后评价等阶段，其购买过程就是一个学习过程。

针对复杂性购买行为，服装企业应采取的营销策略有以下几点。
① 制作产品说明书，帮助消费者及时全面了解本企业产品知识、产品优势及同类其他产品的状况，增强消费者对本企业产品的信心。
② 实行灵活的定价策略。
③ 加大广告力度，创名牌产品。
④ 运用人员推销，聘请训练有素、专业知识丰富的推销员推销产品，简化购买过程。
⑤ 实行售后跟踪服务策略，加强企业与消费者之间的亲和力。

三、服装消费者购买决策过程的一般模型

服装消费者的购买决策是一个动态发展的过程。服装消费者购买决策过程可分为四个阶段：引起需要、收集信息、评估比较、购买决策。

1. 引起需要

引起需要是购买者行为的起点。对商品的需要可能由内在的生理活动引起，也可能是受外界的某种刺激引起，如看到别人用新款手机，自己也想购买；或者

是由内外两方面因素共同作用的结果。

作为营销者,要弄清是哪些因素刺激了消费者产生购买欲望,要不失时机地采取适当措施,唤起和强化消费者的需要。

2. 收集信息

如果唤起的需要很强烈,可满足需要的商品易于到手,消费者就会希望马上满足他的需要。但在多数情况下,消费者的需要并非马上就能获得满足,他必须积极寻找或搜集信息,以便尽快完成从知晓到确信的心理程序,做出购买决策。

信息的来源可分为以下四种。

① 个人来源。即从家庭、朋友、同事、邻居和熟人得到信息。

② 商业来源。即从广告、推销员、经销商、包装和展览等得到信息。

③ 公共来源。即从报刊、电视等大众媒体的宣传报道,消费者组织的有关评论中得到信息。

④ 经验来源。即通过自己参观、试验和实际使用商品得来的经验。

商业来源是最多的信息来源,一般起通知作用;个人来源、公共来源、经验来源起评价作用,影响力最大的是经验来源。

营销者要想方设法使他的品牌进入潜在顾客的知晓组、可供考虑组和选择组。深入研究有哪些其他的品牌留在消费者的选择组中,以便制订具有竞争力的计划。

3. 评估比较

消费者进行评估比较的目的是识别哪一种牌号、类型的商品最适合自己的需要。这是根据收集的信息资料,对商品属性做出的价值判断。

在消费者的评估比较过程中,营销者应该注意:①产品性能是购买者所考虑的首要问题;②不同消费者对产品的各种性能给予的重视程度不同或评估标准不同;③多数消费者的评选过程是将实际产品同自己理想中的产品相比较的过程。由此,营销者要注意了解并努力提高本企业产品的知名度,使其列入消费者比较评价的范围之内,才有可能被选为购买目标。同时,还要调查研究消费者比较评价某类商品时所考虑的主要方面,并突出进行这方面的宣传,以使对消费者的购买选择产生最大影响。

4. 购买决策

经过评估比较阶段,消费者可能会形成某种购买意图。然而,在购买意图与购买决策之间,有两种因素会影响其做出购买决策。

① 他人的态度。其他人如果在消费者准备进行购买时,提出反对意见或提出了更有吸引力的建议,会有可能使消费者推迟购买或放弃购买。

② 意外的变故。在消费者准备进行购买时所出现的一些意外变故,也可能使

消费者改变或放弃购买决策。如消费者家中有意外急需用钱，消费者突然失去工作或稳定的收入来源等，都是一些有可能改变消费者购买决策的突变因素。

  影响消费者进行最终购买决策的根本问题，是消费者对购买风险的预期。如果消费者认为购买之后会给其带来某些不利的影响，而且难以挽回，消费者改变或推迟购买的可能性就比较大。所以营销者必须设法降低消费者的预期购买风险，这样就可能促使消费者做出最终的购买决策。

第四章
服装市场调查与预测

第一节 • 服装市场调查

一、服装市场调查的类型与步骤

1. 服装市场调查的类型

服装市场信息涉及的内容很多，所以，服装市场调查的类型也多种多样。按照不同的分类方法，服装市场调查划分为不同的类型。

（1）按调查的目的和功能划分

按照调查的目的和功能划分，服装市场调查可以分为探索性调查、描述性调查和因果性调查。

① 探索性调查。探索性调查是为了使问题更明确而进行的小规模调查活动。这种调查特别有助于把一个大而模糊的问题表达为小而准确的子问题，并识别出需要进一步调研的信息。比如，某服装公司的市场份额去年下降了，公司无法一一查明原因，就可用探索性调查来发掘问题：是经济衰退的影响，是广告支出的减少，是销售代理效率低，还是消费者的习惯改变了，等等。总之，探索性调查具有灵活性的特点，适合于调查那些人们知之甚少的问题。在不能肯定问题性质时，也可用探索性调查。

② 描述性调查。描述性调查是寻求对谁、什么事情、什么时候、什么地点这样一些问题的回答。它可以描述不同消费者群体在需要、态度、行为等方面的差异。描述的结果，尽管不能对"为什么"给出回答，但也可用作解决营销问题所需的全部信息。比如，某服装商店了解到该店71%的顾客主要是年龄在18～44岁的妇女，并经常带着家人、朋友一起来购买。这种描述性调查提供了重要的决策信息，使商店重视直接向妇女开展促销活动。在对有关情形缺乏完整的知识时可用描述性调查。

③ 因果性调查。因果性调查是调查一个因素的改变是否引起另一个因素改变的研究活动，目的是识别变量之间的因果关系，如预期价格、包装及广告费用等对销售额的影响。这项工作要求调研人员对所研究的课题有相当的知识，能够判断一种情况出现了，另一种情况会接着发生，并能说明其原因所在。在需要对问题严格定义时使用因果性调查。

（2）按服装市场商品消费目的划分

按照服装市场商品消费的目的划分，服装市场调查可以分为服装消费者市场调查和服装生产者市场调查。

① 服装消费者市场调查。这里所说的消费者，是指以满足个人生活需要为目的的服装商品购买者和使用者，也是服装商品的最终消费者。服装消费者市场调查的目的主要是了解消费者需求数量和结构及变化。而消费者的需求数量和结构的变化受到多方面因素的影响，如人口、经济、社会文化、购买心理和购买行为等。因此，对服装消费者市场进行调查，除直接了解需求数量及其结构外，还必须对诸多的影响因素进行调查。

② 服装生产者市场调查。服装生产者市场调查是指为了满足服装加工制造等生产性需要而形成的市场（也称服装生产资料市场）的调查。这个市场上交易的商品是服装生产资料，如各种服装面料辅料、服装挂饰等。参加交易活动的购买者主要是服装生产企业，购买商品的目的是满足服装生产过程中的需要。服装产品的质量与价格跟服装原料质量、成本是密切相关的，只有符合标准的原料才能生产出更加优质的服装产品，因此，调查服装生产者市场是非常必要的。

（3）按其他方式划分

① 按照流通领域的不同环节来划分，服装市场调查可分为服装批发市场调查和服装零售市场调查，与服装生产者市场调查和服装消费者市场调查紧密联系在一起，形成服装市场调查体系。

② 按照产品结构层次划分，服装市场调查可分为男装调查、女装调查、童装调查。也可分为运动装调查、职业装调查、休闲装调查等。

③ 按照调查空间范围划分，服装市场调查可分为国内市场调查和国际市场调查。

其中，国内市场调查则包括全国性调查、地区性调查、城市调查和农村调查。

④ 按照调查时间划分，服装市场调查可分为经常性调查、定期调查和临时性调查。

2.服装市场调查的步骤

服装市场调查是由一系列收集和分析市场数据的步骤组成。某一步骤做出的决定可能影响其他后续步骤，某一步骤所做的任何修改往往意味着其他步骤也可能需要修改。

服装市场调查的步骤一般按如下程序进行。

(1) 确定问题与假设

由于服装市场调查的主要目的是收集与分析资料以帮助企业更好地做出决策，减少决策的失误，因此调查的第一步就要求决策人员和调查人员认真地确定和商定研究的目标。俗话说："对一个问题做出恰当定义等于解决了一半。"任何一个问题都存在着许许多多可以调查的事情，如果不对该问题做出清晰的定义，那收集信息的成本可能会超过调查提出的结果价值。例如，某服装公司发现其销售量已连续下降达6个月之久，管理者想知道真正原因究竟是什么，是经济衰退、广告支出减少、消费者偏爱转变，还是代理商推销不力；市场调查者应先分析有关资料，然后找出研究问题并进一步做出假设、提出研究目标。假如调查人员认为上述问题是消费者偏爱转变的话，再进一步分析、提出若干假设。如，消费者认为该公司产品设计落伍、竞争产品品牌的广告设计较佳。

做出假设，给出研究目标的主要原因是为了限定调查的范围，并从将来调查所得出的资料来检验所做的假设是否成立，写出调查报告。

(2) 确定所需资料

确定问题和假设之后，下一步就应决定要收集哪些资料，这自然应与调查的目标有关。

(3) 确定收集资料的方式

收集资料。对消费者的调查，采用个人访问方式比较适宜，便于相互之间深入交流。

(4) 抽样设计

在调查设计阶段就应决定抽样对象是谁，这就提出抽样设计问题。其一，究竟是概率抽样还是非概率抽样，这具体要视该调查所要求的准确程度而定。概率抽样的估计准确性较高，且可估计抽样误差，从统计效率来说，自然以概率抽样为好。不过从经济观点来看，非概率抽样设计简单，可节省时间与费用。其二，一个必须决定的问题是样本数目，而这又需考虑到统计与经济效益问题。

(5) 数据收集

数据收集必须通过调查员来完成，调查员的素质会影响到调查结果的正确性。调查员以大学的市场学、心理学或社会学的学生最为理想，因为他们已受过调查技术与理论的训练，可降低调查误差。

(6) 数据分析

资料收集后，应检查所有答案，不完整的答案应考虑剔除，或者再询问该应答者，以求填补资料空缺。

资料分析应将分析结果编成统计表或统计图，方便读者了解分析结果，并可从统计资料中看出与第一步确定问题假设之间的关系。同时又应将结果以各类资料的百分比与平均数形式表示，使读者对分析结果形成清晰对比。不过各种资料的百分比与平均数之间的差异是否真正有统计意义，应使用适当的统计检验方法来鉴定。

（7）调查报告

市场调查的最后一步是编写一份书面报告。一般而言，书面调查报告可分为专门性报告和通俗性报告两类。

专门性报告的读者是对整个调查设计、分析方法、研究结果以及各类统计表感兴趣者，他们对市场调查的技术已有所了解。而通俗性报告的读者主要兴趣在于听取市场调查专家的建议，例如一些服装企业的最高决策者。

二、服装市场调查的内容

服装市场调查的内容十分广泛，而企业在实际运营中面临的问题也各不相同，则调查的内容也就不一样，企业可以根据调查目的和假设来确定市场调查的内容。影响服装企业运营的环境包括企业内部和外部，所以，服装市场调查可以从宏观环境和微观环境上进行调查。

1. 服装市场宏观环境调查

市场宏观环境是影响服装企业的外部环境。服装企业的任何经营活动都处在这一环境中，宏观环境不以人的意志为转移，虽不易对服装企业某一项业务活动产生直接影响，但企业却不容忽视。企业身处其中，既可能面对机遇，也可能面对挑战，关键是企业要在对其充分了解的基础上抓住机遇，应对挑战，才能取得成功。

（1）政治环境调查

对政治环境的调查主要是调查影响服装企业生产运营的国内外一些国家的制度和政策、国有化政策、政治和社会动乱、国家或地区之间的政治关系等。

（2）法律环境调查

对法律环境的调查主要是了解国际国内各种经济合同法、商标法、专利法、广告法、环境保护法、进出口贸易法等多种经济法规和条例，这些都将对企业营销活动产生重要的影响。

（3）经济环境调查

对经济环境的调查，主要可以从生产和消费两个方面进行调查。

① 生产方面调查。生产决定消费，市场供应、居民消费都有赖于生产。生产方面调查主要是某一国家（或地区）的能源和资源状况、交通运输条件、经济增长速度及趋势产业结构、国内生产总值、通货膨胀率、失业率以及农业、轻工业、重工业比例关系等。

② 消费方面调查。消费对生产具有反作用，消费规模决定市场的容量，也是经济环境调查不可忽视的重要因素。消费方面调查主要是了解某一国家（或地区）

的国民收入、消费水平、消费结构、物价水平和物价指数等。

（4）社会文化环境调查

社会文化环境的调查主要是了解不同国家或地区的传统思想、道德规范、风俗习惯、宗教信仰、文化修养、艺术创造、审美观念、价值观念等，这些都直接影响人们对服装产品的需求和消费习惯。

（5）科技环境调查

科学技术是第一生产力。及时了解服装新技术、新材料、新产品的状况，国内外服装科技总的发展水平和发展趋势，本企业所涉及的技术领域的发展情况，专业渗透范围、服装产品技术质量检验指标和技术标准等都是科技环境调查的主要内容。

（6）地理和气候环境调查

各个国家和地区由于地理位置不同，气候和其他自然环境也有很大的差异，它们不是人为造成的，也很难通过人的作用去加以控制，只能在了解的基础上去适应这种环境。应注意对地区条件、气候条件、季节因素、使用条件等方面进行调查。气候对人们的服装消费行为有很大的影响，从而制约着服装产品的生产和经营。

2. 服装市场微观环境调查

服装市场微观环境既包括企业内部环境，也包括企业外部环境。它对服装企业的经营活动产生直接的影响。总的来看主要从服装市场需求调查、服装市场供给调查和服装市场营销活动调查三个方面对服装市场进行调查。

（1）服装市场需求调查

市场是企业经营的出发点和归宿点，服装市场需求调查是服装市场调查中最基本的内容。它主要包括需求量调查、需求结构调查、购买动机和消费行为调查。

① 需求量调查。需求量受到地区人口数量和可支配收入的影响。因此，在调查过程中着重地区人口总数和人均收入水平的调查。

② 需求结构调查。需求结构是指消费者将其货币收入用于不同商品消费的比例，它决定消费者的消费投资方向。需求结构要受到地区人口构成、家庭规模构成、消费构成、收入人均增长状况、服装商品供应状况和服装价格变化等因素影响，因此，对需求结构的调查应从以上这几方面进行。

③ 购买动机和消费行为调查。购买动机是产生消费行为的前提。消费者购买动机调查的目的主要是弄清购买动机产生的各种原因，以便采取相应的措施。一般购买动机要受到消费者的心理性格、个人偏好、宗教信仰、文化程度、消费习惯等主观因素影响，这也就是调查的主要内容。

（2）服装市场供给调查

服装市场供给是指全社会所有服装经营实体在一定时期内，对市场提供的可交换的服装商品的总量,它们是市场需求得以实现的物质保证。作为单个服装企业,在调查时,既要了解本企业的市场供给能力,也要了解竞争对手和整个市场的服装供给情况,做到知己知彼。

对服装市场供给的调查,可着重调查以下两个方面。

① 服装商品供给来源及供应能力调查。本项调查主要包括原料的来源、成品的来源、本地区和国内外服装企业的技术装备水平、资金状况、管理水平、人员素质等情况的调查。

② 服装商品供应范围调查。服装商品供应范围及其变化,会直接影响到商品销售量的变化。范围扩大意味着可能购买本企业商品的用户数量的增加,在正常情况下会带来销售总量的增加;反之,则会使销售总量减少。

(3) 服装市场营销活动调查

服装市场营销活动调查也要围绕营销组合活动展开。其内容主要包括竞争对手状况调查、产品实体调查、商品包装调查、服装产品生命周期调查、服装价格调查、服装销售渠道调查和服装促销活动调查。

第一,竞争对手状况调查。调查的内容主要包括:①有没有直接或间接的竞争对手,如有的话,是哪些;②竞争对手的所在地和活动范围;③竞争对手的生产经营规模和资金状况;④竞争对手生产经营商品的品种、质量、价格、服务方式及在消费者中的声誉和形象;⑤竞争对手技术水平和新产品开发经营情况;⑥竞争对手的销售渠道;⑦竞争对手的宣传手段和广告策略;⑧现有竞争程度(市场占有率、市场覆盖面等)、范围和方式;⑨潜在竞争对手状况。

通过调查,可将本企业的现有条件与竞争对手进行对比,为制定有效的竞争策略提供依据。

第二,产品实体调查。产品实体调查主要了解服装的款式、类型、色彩及搭配、面料、衬料及制作工艺的质量状况、产品的规格及实用性能等。对服装实体本身的调查,应根据不同的消费群体调查其对服装的不同要求,从而在产品用料、结构设计、工艺、色彩搭配等方面做到最切合需求。

第三,商品包装调查。包装不仅保护商品,而且它能够促进服装的销售。按照不同的包装类型,对包装调查的内容也应多方面。

第四,服装产品生命周期调查。服装产品在不同的生命周期里表现出不同的市场特征,企业应通过对销售量、市场需求的调查,进而判断和掌握自己所生产和经营的产品,处在什么样的寿命周期阶段,以做出相应的对策。

第五,服装价格调查。服装价格调查的内容包括:①国家在商品价格上有何控制和具体的规定;②企业商品的定价是否合理,如何定价才能使企业增加盈利;③消费者对什么样的价格容易接受,以及接受程度,消费者的价格心理状态如何;④商品需求和供给的价格弹性有多大、影响因素是什么等。

第六,服装销售渠道调查。企业应善于利用原有的销售渠道,并不断开拓新的渠道。对于企业来讲，目前可供选择的销售渠道有很多，如批发商、零售商等，对于销往国际市场的服装商品，还要选择进口商。为了选好中间商，有必要了解以下几种情况：①企业现有销售渠道能否满足销售商品的需要；②企业是否有通畅的销售渠道，如果不通畅，阻塞的原因是什么；③销售渠道中各个环节的商品库存是否合理，能否满足随时供应市场的需要，有无积压和脱销现象；④销售渠道中的每一个环节对商品销售提供哪些支持，能否为销售提供技术服务或开展推销活动；⑤市场上是否存在经销某种或某类服装商品的权威性机构，如果存在，他们促销的商品目前在市场上所占的份额是多少；⑥市场上经营本商品的主要中间商对经销本商品有何要求。

第二节 • 服装市场预测

一、服装市场预测概述

预测，是针对目前还不明确的事物，根据其过去和现在的已知情况，估计和推测未来可能出现的趋势。这种估计和推测，应该是在正确的理论指导下，通过广泛调查取得第一手资料或第二手资料，再运用定性分析和定量分析的方法，对市场今后的发展变化做出质的描述和量的估计。

市场预测与市场调查的区别在于，前者是人们对市场的未来的认识，后者是人们对市场的过去和现在的认识。市场预测能帮助经营者制订出适应市场的行动方案，使自己在市场竞争中处于主动地位。

1. 服装市场预测的含义

服装市场预测是指在对影响服装市场供求变化的诸因素进行调查研究的基础上，运用科学的方法，对未来市场服装商品供应和需求的发展趋势以及有关的各种因素的变化，进行分析、估计和判断。预测的目的在于最大限度地减少不确定性对预测对象的影响，为科学决策提供依据。例如，对服装企业的某个服装产品的需求情况的预测；销售发展变化情况的预测；对服装原料、服装设备、服装价格的预测；对消费者心理、习惯和购买状况变化的预测等。

2. 服装市场预测的基本原理

市场之所以可以被预测，首先是因为人们通过长期的认识，积累起丰富的经验和知识，可以逐步了解市场变化规律；然后，凭借各种先进的科学手段，根据市场发展历史和现状，推演市场发展的趋势，做出相应的估计和推测。具体而言，市场预测需要以下几条原理做指导。

(1) 惯性原理

任何事物的发展在时间上都具有连续性，表现为特有的过去、现在和未来这样一个过程。没有一种事物的发展与其过去的行为没有联系，过去的行为不仅影响到现在，还会影响到未来。因此，可以从事物的历史和现状推演出事物的未来。市场的发展也有一个过程，在时间上也表现为一定的连续性。尽管市场瞬息万变，但这种发展变化在长期的过程中也存在一些规律性（如竞争规律、价值规律等），可以被人们所认识。惯性原理是时间序列分析法的主要依据。

(2) 因果原理

任何事物都不可能孤立存在，都是与周围的各种事物相互制约、相互促进的。一个事物的发展变化，必然影响到其他有关事物的发展变化。比如，一个国家在一定时期内采用某种特定的经济政策，势必对市场发展产生某种影响。这时的政策是因，市场变化情况是果。过一段时间，国家根据市场发展变化的新情况，制定新的经济政策来刺激市场，或是稳定市场、限制市场，甚至改变市场发展方向等。市场情况成为因，经济政策又变为果。当然，一因多果或一果多因的现象也经常出现，但有其因就必有其果，这是规律。因此，从已知某一事物的变化规律，推演与之相关的其他事物的发展变化趋势，是合理的，也是可能的。投入产出分析法就是对因果原理的最好运用。

(3) 类推原理

许多事物相互之间在结构、模式、性质、发展趋势等方面客观存在着相似之处。根据这种相似性，人们可以在已知某一事物的发展变化情况的基础上，通过类推的方法推演出相似事物未来可能的发展趋势。例如，彩色电视机的发展与黑白电视机的发展就有某些类似之处，我们可以利用黑白电视机的发展规律类推彩色电视机的发展规律。类推原理在领先指标法中得到了很好的运用。

(4) 概率原理

任何事物的发展都有一个被认识的过程。人们在充分认识事物之前，只知道其中有些因素是确定的，有些因素是不确定的，即存在着偶然性因素。市场的发展过程中也存在必然性和偶然性，而且在偶然性中隐藏着必然性。通过对市场发展偶然性的分析，揭示其内部隐藏着的必然性，可以凭此推测市场发展的未来。从偶然性中发现必然性是通过概率论和数理统计方法，求出随机事件出现各种状态的概率，然后根据概率去推测预测对象的未来状态。

3. 服装市场预测的基本要求

市场预测的准确度越高，预测效果就越好。然而，由于各种主客观原因，预测不可能没有误差。为了提高预测的准确程度，预测工作应该具有客观性、全面性、及时性、科学性、持续性、经济性等基本要求。

（1）客观性

市场预测是一种客观的市场研究活动，虽然这种研究是通过人的主观活动完成的，但是，预测工作不能主观随意地"想当然"，更不能弄虚作假。

（2）全面性

影响市场活动的因素，除经济活动本身外，还有政治的、社会的、科学技术的因素，这些因素的作用使市场呈现出纷繁复杂的局面。预测人员应具有广博的经验和知识，能从各个角度归纳和概括市场的变化，避免出现以偏概全的现象。当然，全面性也是相对的，无边无际的市场预测既不可能也无必要。

（3）及时性

信息无处不在，无时不有，任何信息对经营者来说，既是机会又是风险。为了帮助企业经营者不失时机地做出决策，要求市场预测快速提供必要的信息。过时的信息是毫无价值的。信息越及时，不能预料的因素就越少，预测的误差就越小。

（4）科学性

预测所采用的资料，须经过去粗取精、去伪存真的筛选过程，才能反映预测对象的客观规律。运用资料时，应遵循近期资料影响大、远期资料影响小的原则。预测模型也应精心挑选，必要时还须先进行试验，找出最能代表事物本质的模型，以减少预测误差。

（5）持续性

市场的变化是连续不断的，不可能停留在某一个时点上。相应地，市场预测需不间断地持续进行。在实际工作中，一旦市场预测有了初步结果，就应当将预测结果与实际情况相比较，及时纠正预测误差，使市场预测保持较高的动态准确性。

（6）经济性

市场预测是要耗费资源的。有些预测项目，由于预测所需时间长，预测的因素又较多，往往需要投入大量的人力、物力和财力，这就要求预测工作本身必须量力而行，讲求经济效益。如果耗费过大，效益不高，将使市场预测声誉扫地。如果企业自己预测所需成本太高，可委托专门机构或咨询公司来进行预测。

4. 服装市场预测的种类

服装市场预测按不同的划分方法，有多种不同的分类，一般来说有以下几种不同的种类。

（1）范围不同的预测

服装市场预测按照预测范围的不同划分，可分为宏观预测和微观预测。

① 宏观预测。宏观预测是指从国民经济全局出发，对服装商品生产和流通总体的发展方向所做的预测，如社会服装商品零售总额预测、社会服装商品购买力

预测等。

② 微观预测。微观预测是指从服装企业角度出发，对影响企业经营的市场环境及企业经营的商品和市场占有率等方面的预测。

（2）期限不同的预测

服装市场预测按照预测期限的不同划分，可分为短期预测、中期预测和长期预测。

① 短期预测。短期预测是指一年或更短一些时间的市场变化预测，如年度预测、半年预测、季度预测等。它为制订年度、季度和月度计划提供依据。

② 中期预测。中期预测是指一年以上、五年以内的市场变化预测。它是为实现五年计划和长期规划方案提供措施和依据的。

③ 长期预测。长期预测是指五年以上的预测。它可为企业制定长期规划和重大决策提供科学依据。

（3）性质不同的预测

服装市场预测按照预测性质的不同划分，可分为定性预测和定量预测。

① 定性预测。定性预测是对未来服装市场发展的大致方向或趋势做出预测，如某一服装经济指标是上升还是下降，是供过于求还是供不应求等。定性预测，主要靠人们的主观判断进行预测。

② 定量预测。定量预测是指利用各种经济因素的统计数据或它们之间的数量依存关系来推测未来事件的发展程度。它主要是靠数学模型进行预测。定量预测按其预测数值的表现形式，又可分为点值预测和区间值预测。

第一，点值预测。点值预测是指预测数值表现为单个数值，如某服装流通企业预测下一年某款服装的销售量为30000件。

第二，区间值预测。区间值预测是指预测数值表现为上限和下限两个数值所规定的区间，如某服装流通企业预测下一年某款服装的销售量在25000件至35000件之间。

（4）综合程度不同的预测

服装市场预测按照预测商品综合程度的不同划分，可分为单项产品需求量预测、大类产品需求量预测和总体商品需求量预测。

① 单项产品需求量预测。单项产品需求量预测是指对某单项服装产品（如衬衫、西服、皮衣等）按品牌、规格、质量、档次等分别预测其市场需求量。

② 大类产品需求量预测。大类产品需求量预测是指对某一大类产品的预测，如对针织类服装的需求量预测、对纯毛类服装的预测、对纯棉类服装的预测等。

③ 总体商品需求量预测。总体商品需求量预测是指对服装消费需求的各种服装产品总量进行预测。

二、服装市场预测的内容

市场预测的内容非常广泛。不同的市场主体或不同的预测目的，决定了市场预测有不同的侧重点。服装企业所进行的预测，主要包括市场需求预测、市场资源预测和市场营销组合预测。

1. 服装市场需求预测

市场需求是指特定的时间、特定的地域和特定的顾客群体，对某种服装商品现实和潜在的需要量。对服装市场的需求预测，不仅包括服装需求量的预测，还包括服装商品的品种、规格、花色、型号、款式、质量、包装、品牌、商标、需求时间的预测等。市场需求受很多因素的影响，有市场主体外部的因素，如政治、法律、文化、技术、消费心理、消费习惯等；也有市场主体内部的因素，如服装目标市场的选择、销售价格的制定与变动、促销手段的选择与实施、营销方法的确定等。市场需求预测正是全面考察这些因素后对市场需要量进行的估计和推测。

2. 服装市场资源预测

市场需求和市场资源是构成市场活动的两个基本因素。满足市场需求，一方面要有充分的货币支付能力；另一方面要有充分的商品资源。否则，市场上就会出现商品购买力与商品供应量之间的不平衡，给企业的经营活动和国民经济的发展都带来不利的影响。

通过市场资源预测，可以预见市场的供需趋势，为服装企业确定生产规模、发展速度和质量水平等提供依据。还可以了解新产品开发和老产品更新换代的信息，帮助企业正确面对新产品对老产品的影响。在宏观方面，市场资源预测还能为调节供需平衡提供依据。

3. 服装市场营销组合预测

服装市场营销组合预测，是对企业的产品、价格、销售渠道和促销方式等营销因素所进行的预测。

（1）产品预测

现代产品，不仅是指产品的物质实体，还包含产品的商标、包装以及安装、维修、咨询等方面。服装产品组合是由产品线的不同宽深度和关联度所决定的生产策略。现代服装企业既要提高专业化程度，组织大批量生产，强化产品线的深度，又要实行多样化经营，适应市场变化的需要，扩大产品线的宽度。前者可以更加广泛地满足各种需要，甚至是特殊的消费需要，有利于占领更多的细分市场。

后者有利于挖掘企业潜力,分散投资风险,不断占领新的市场。加强产品线的关联性,则可以增强企业的竞争地位,提高产品的市场占有率。开展产品组合预测,有利于企业制订正确的产品组合策略,提高企业在行业中的优势。

产品的商标,是现代整体产品的组成部分。人们购买某款服装产品,有时候是奔着其商标来的。因为他们认为该产品的质量信得过,价格也合理,还可以享受到良好的服务。产品的包装,除了能保护商品、方便运输外,还起着"无声的推销员"的作用。高质量的售后服务,能使用户得到更大的满足,促使其重复购买。

(2) 价格预测

价格是市场营销活动最重要的内容。每个服装企业都需要了解竞争企业或竞争产品的价格,而且还必须注意到不同价格水平会导致不同的需求量。因此需要对竞争产品的成本和价格进行预测。企业的产品价格确定后,应当及时地调查价格是否偏高或偏低,是否对消费者与经营者都有利,与竞争对手相比,是否具有优势或主动性等。有条件的企业,还应当进行产品需求曲线的预测。当产品需求曲线呈非弹性的时候,提高产品价格可以增加企业收入;如果产品需求曲线呈弹性的时候,降低价格则可以增加企业收入。企业掌握这些情况,对产品价格的及时调整很有帮助。

(3) 销售渠道预测

销售渠道即商品流通渠道,是企业产品实现其价值的重要环节。它包括合理制订分销路线、选择与配置中间商、有效地安排运输与储存、适时地向用户提供适用的商品。如果企业销售渠道的数量多,商品流通的路线就广,市场占有率就高。消费品的销售渠道,可以在代理、批发和零售等中间商中选择一个或几个层次。生产资料的销售渠道一般不需要零售中间商。生产者选择销售渠道时,应对自身的条件、产品的情况和所处的市场进行综合分析,如企业的资本、商誉、服务和管理能力等;产品的单价高低、体积大小、易毁或易腐、通用或专用等;市场上同类商品的多少、潜在顾客的数量、购买者的习惯等。企业开展销售渠道的预测,就是要对这些影响因素的未来变化情况做出推测与判断,以确定相应的策略。

(4) 促销方式预测

促销是服装企业通过一定的方法或手段向消费者传递信息,从而促进消费者对产品或企业的了解,并影响消费者的购买行为。市场营销的实践表明,客户接受一种产品的前提,首先是接受消费这一产品的观念。通过多种媒介传递信息,说服客户,就能创造使用这种产品的社会氛围。促销方式主要有广告、人员推销、销售促进和公共关系四种具体形式。各种形式都有其自身的特性,相互之间又存在着一定的替代性。营销部门在大多数情况下都必须配合使用。企业开展促销方式的预测,就是要估计不同产品最适合的信息传递途径,推测顾客在不同促销方式下消费观念的变化，测算企业在各种促销组合下的经济效益。

上述营销要素各自的单体优势不一定能形成整体优势，单体优势之间还有一个整体优化问题，因此必须结合起来进行整体研究。将服装企业的产品、价格、销售渠道和促销方式结合起来，进行综合性的预测，是市场营销组合预测的关键。

第五章
服装连锁经营

第一节 • 服装连锁经营战略

服装企业使用连锁模式进行服装品牌的运作,要结合连锁模式的特点,把握关键环节,才能妥善推进品牌建设。

一、服装企业开展连锁经营的要点

服装企业开展连锁经营,既要考虑到连锁经营模式的关键要素,也要考虑到服装商品的特点,为此,开展连锁经营,需要把握以下的几个关键要点。

1. 连锁经营的核心

(1) 必须具备完善的连锁经营管理系统

连锁品牌系统,它是一个较为复杂的工程,其中包括品牌定位、品牌形象工程设计、品牌传播推广、品牌管理及品牌培训等环节。企业应根据自身优势及内外资源,结合市场现状及消费需求,为自己的连锁商业品牌准确定位,设计独特的品牌视觉形象及店面识别系统(SI体系),以公关、活动事件为主,广告、销售促进为辅,有效利用各种媒介资源、推广方式、方法等进行高空及地面整合传播,提升企业商业品牌的知名度及品牌影响力,通过有效的品牌培训与管理,不断提高品牌美誉度及忠诚度。

(2) 必须要有直营店

直营,顾名思义,是服装企业直接经营的,一些实力雄厚的大品牌往往喜欢采用直营的服装店方式,直接投资在大商场经营专柜或黄金地段开设专卖店进行零售。一些国际顶级品牌,如阿玛尼、杰尼亚等,出于品牌维护的需要,一般都采取直营方式。直营有如下优点。

① 作为形象展示,特别是旗舰店的形象展示很有说服力和参考性,能有效显

示公司的实力，提供形象规范。

② 抛开了中间环节，企业直接面对消费者，可以直接赚取较高的营业利润。

③ 直面市场，有助于企业获取最有效的市场信息，了解消费者的需求特点。

④ 因为有直接控制权，便于操作管理，能完美体现、执行公司的行销理念。

⑤ 自营店能有效处理企业的库存品、特价产品。

另外，很多服装企业会出于形象推广考虑，在一些重要市场区域开设自营旗舰店，以树立品牌形象规范，给经销商提供可参考的样板店。旗舰店一般装修气派、货品齐全、服务规范，比较能体现公司的实力和整体形象，其产生的广告效应甚至要高出经济效应。在管理上，服装企业一般会采用分公司、办事处模式操作，直接对直营店面进行管理，而且为保证物流配送的顺畅，通常都会在各分公司、办事处设立仓库，直接供应货源。采用这种方式投入的人力、物力、财力均比较大，所以通常只有实力型服装企业才敢于这样操作。

2. 服装企业实行连锁经营应注意的问题

（1）产品是根本

很多服装企业认为，实行连锁经营，把连锁经营系统处理好就可以。但是，服装这个商品是消费者个性体现的商品，是消费者多种需求差异的商品，同时又是季节气候影响比较大的商品，所以，服装企业推出的服装产品，才是连锁经营的根本。产品特征主要体现如下。

① 产品的风格。服装产品的风格，往往在产品定位时候就已经有定型，这跟服装产品设计理念等有很大的联系，由于设计师的差异，设计团队能否在长期品牌运作的过程中，深刻理解服装产品的设计理念，推出一直代表本服装品牌风格的产品，从而树立服装品牌的产品风格形象。

② 产品价格定位。服装产品定位与其所处的价格带是否吻合，决定了消费者是否愿意为其支付。

③ 产品系列化。连锁经营，在一个店铺里面全都是统一的一个品牌，如果服装产品不能做到系列化，不能够摆满整个服装店铺卖场，那么，对于需求多样的消费者，起不到刺激进店消费的作用。

（2）品牌形象

品牌形象曾在 20 世纪 60 年代成功地解决了产品同质化给市场营销带来的难题。品牌形象的创造和形成基本上是基于心理和传播的结果。相对于依赖服装产品属性的硬营销策略（比如打折促销），品牌形象代表着一种更为细腻微妙的软营销策略。品牌形象策略可以创造一种诸如时尚、个性、舒适、自然等的品牌印象，从而拉近消费者和品牌之间的距离。

品牌形象最直接的理解，是消费者对品牌具有的联想。品牌形象包括产品形象、企业形象、竞争者形象、设计师形象、广告代言人形象、使用者形象等。消费者从这些内容出发而产生的联想的综合，就构成了品牌形象。

服装展厅设计最主要的是体现品牌形象、宣传企业。作为品牌形象的组成部分和品牌形象的集中展示舞台，店铺整体设计风格要和品牌风格取得一致。品牌服装的店面设计主要是围绕着品牌的设计风格加以体现，从而去营造高雅经典的时尚氛围，这样就将产品的风格烘托出来，淋漓尽致地展现在顾客面前，对消费者是一种视觉上的冲击。

店铺作为服装销售的最后环节，店面形象已经渗透到人们购物的精神需求中。一项研究表明：消费者对服装品牌的认识，对其风格的了解主要来源于服饰店铺。店面形象对品牌形象的塑造，对品牌的宣传起着重要作用。65％的消费者认为店面形象对购物有影响，25％的消费者认为有绝对的影响。认为有绝对影响的群体，主要以有稳定收入的白领一族和高消费型的企业家组成。如果让某一个消费者回忆所记住的服装品牌，将会发现消费者记住的品牌及其服装风格与店面形象几乎是同时留在脑海中。所有这些独具个性的空间是同它们的品牌风格同时留在了消费者脑海中，成为品牌形象的形式化乃至概念化因素。由此可见店面形象的作用是巨大的。

（3）组织架构

组织架构是为实现企业战略目标而设计的，其各项功能和流程都为服装企业在开展连锁经营服务。可以借鉴某日本企业的组织结构，来做相应的组织架构设计。

（4）服务

连锁总部对门店的服务水平，影响门店的销售水平。连锁总部提供的服务如配送、退换货、开店指导、店员培训、促销方案指导以及门店经营过程中出现的问题。如某男装专门做西服，某年其在北方的门店西装并不好销售，于是请求总部督导前往其门店指导。督导前往门店查看，发现该门店的西服颜色全部都是暗灰色，于是叫总部快递了几套同款白色的西服，展示在橱窗里。结果顾客一进门店，都在问橱窗展示的西服有没有黑色的，其实黑色的西服早就已经展示在门店里面。

（5）信息系统

对服装行业的企业来说，终端店铺是市场竞争的前沿阵地，是品牌与消费者亲密接触的第一窗口。通过这个窗口，企业可以向顾客展示品牌，让顾客能切实地体验企业的品牌内涵；同时，公司企业也可以通过这个窗口去收集顾客需求信息、消费者喜好信息、市场变动信息，从而协助产品设计师依据顾客需求来进行产品的设计，帮助市场部作出正确的市场策略，促使产品更能符合顾客需求。这就需要总部与店长可以随时沟通，以指导门店的工作，同时通过终端门店进行信息收集。

信息收集，不是仅仅依靠店长和导购员的个人能力就能达到的，还必须要依靠信息化管理系统才能收集信息,并能快速地将信息上传到总部,让总部对终端门店经营情况、市场情况、消费者喜好等进行分析,并制定出相关的市场策略,以应对市场变化。店里面的导购员在推销产品的时候,也能通过信息系统马上获得产品的资讯、最佳的搭配方案,从而更有效地针对具体的顾客给予真诚、有效的建议,触动顾客的内心,达成交易。另外,通过门店系统,店长可以随时了解每位导购员的销售情况,谁达成了销售指标,谁没达成,谁按时上班了,谁迟到早退了等都能一目了然,从而可以针对具体每一个人进行有效的管理,提升团队的销售能力和凝聚力。

二、服装品牌职能定位

① 事业部负责人:指标的制定。
② 品牌导演:制定品牌的下期方向,一年后呈现什么样的品牌,更多的时间在外面,收集情报,做品牌策略。
③ 商品企划(MD):左手算盘,右手审美。
④ 设计师:了解品牌顾客生活方式,在商品企划的建议下设计商品。
⑤ 区域信息收集:情报信息传递,管理店铺人员。
⑥ 视觉营销:一定要了解品牌的产品结构、产品效率、库存效率。
⑦ 销售促进:营销策划人员,推广企划。
⑧ 提升产品质量:提高正价产品的销售率。

三、服装品牌组织架构的内涵

1. 公司组织架构以职能来划分,而不以部门来划分

很多服装品牌的组织架构通常都是以总裁办、营销中心、供应链中心、物流中心、研发中心、形象中心、自营部、加盟部、设计部等形式呈现。其实组织架构应该是以职能来划分,而不以部门来划分。部门越多,效率越低。

2. 店铺是服装品牌的核心和工作方向

一切围绕着店铺展开,店铺可以找到所有问题的答案。通常,看一个品牌的管理水平和发展,不仅要看品牌的时装发布会和服装展,还要看这个品牌的店铺。有的品牌展会光鲜亮丽,但店铺表现力却一般。

店铺是连接顾客和服装品牌的窗口,这就是店铺叫作终端的原因,它可以直接获取消费者的大量信息,为后台各个部门提供工作方向。

3. 产品决定品牌的走向

负责制作品牌方向的人叫作"品牌导演",隶属于商品企划部,也就是说,品牌形象是产品导向。从 CHANEL、DIOR、FENDI 等品牌的历年发展情况,不管是卡尔·拉格菲尔德在 FENDI,还是后来入主 CHANEL,或者是 21 岁的伊夫·圣罗兰接班 DIOR 负责设计,都给品牌形象带来了新的产品方向,以及品牌形象的变化。卡尔·拉格菲尔德和伊夫·圣罗兰不但是首席设计师,同时也是品牌导演,这就是说,产品是品牌的基础,决定了品牌的走向。

4. 商品企划(MD)是商品总监兼买手的角色

MD 的注解是左手算盘,右手审美,不但要知道这款衣服好不好看(和好不好卖),还得知道能卖多少、各类分别多少款多少件等,这些是需要拿往年数据和今年目标等因素来算账的;这放在加盟商的商品部负责人身上同样适用,出去采购时是买手,回来了就是商品部老大。

5. 设计师的定位非常准确

设计师的注解是了解品牌顾客生活方式,在 MD 的建议下设计商品。这两点非常之精确,要想让企业设计的产品符合顾客定位,就必须对企业的顾客足够了解,设计师光在公司画图是不够的,需要经常去店铺,甚至和顾客交谈,从而让设计师的设计更贴合实际需求。另外,设计师在 MD 的建议下设计商品,作为设计师,是需要在一定范围来设计产品的,风衣多少款?短裤多少款?是需要有数据依托的,那么谁有数据呢,左手算盘的 MD(商品团队)那儿就有了。

6. 视觉陈列展示(VMD)的定位也相当精确

一定要了解品牌的产品结构、产品效率、库存效率;也就是说 VMD 或者说陈列师,远离店铺是不行的,一定得了解产品的结构,还有销售情况和库存情况,就是通常所说的产品效率和库存效率,这样才能更有目的地做好店铺陈列。

7. 货品部(DB)的核心职能是关注正价产品的销售率

这里的 DB 其实和一些品牌的货品部类似,负责货品的调配和整合,重点是关注新产品的产销率,正价销售时的利润是最高的,这时的销售率越高,品牌就越赚钱,这也是货品专员的价值所在。

8. 架构里面没有推广部门

这里并没有看到国内很多品牌设置的推广部门,即使没有大力去做推广工作,品牌也是可以正常发展的。店铺是品牌的核心,店铺经营好了,很多事情就好办了。

第二节 • 服装招商会

一、服装连锁企业招募方法

1. 招募途径

（1）媒体广告招商

通过在媒体发布招商广告可以迅速地将产品的招商信息传播开来，是一种比较快速进入市场的方式，但成本较高，而且绝大多数信息都传达给了非意向客户，浪费比较大。由于信息量大、停留稳定及保存时间长等原因，一般平面媒体比较适合作为招商广告的载体。

① 媒体的选择

第一，行业媒体。这类媒体主要内容都是围绕服装展开的，因而在行业里有比较大的影响，读者群也以行业人士为主，例如《中国服饰报》《服装时报》《服饰商情》《中国时装》《服装界》等媒体。当然，行业媒体还可以进一步细分，做内衣的可以选择《内衣风》《时尚内衣》等，做调整型内衣的还可以选择《中国美容时尚报》《健康与美容》等。

第二，专业媒体。中国目前做招商较好的专业平面媒体有《销售与市场》《商界》《中国经营报》等。通过这类媒体招到的受许人也许没有服装从业经验，但他们一般具有比较领先的市场合作意识，在市场操作方面能力比较强。此类媒体的价格相对而言较高。

第三，大众媒体。例如《知音》《家庭》等，因为其发行量和影响都很大，且服装业从业门槛低，可以吸引一些有闲散资金和兴趣的投资者加盟。很多企业往往只在这类媒体发布形象广告，其实这也是招商的一种很好的载体。当然，这也要考虑品牌的定位，一般这类媒体只适合大众化的品牌。

第四，网络。网络等新兴媒体的迅猛发展，为招商拓展又提供了另一种有效途径。中国互联网用户的迅速增加，使得很多服装网站的日点击率不断攀升，网络已经逐渐成为招商的媒体新贵。

此外，在服装批发市场的主要位置发布大型户外招商广告也能起到良好的招商效果。媒体选择应该根据招商目标对象灵活选取，例如针对某区域招商则可以考虑选择该区域的强势媒体。

② 招商广告的内容

招商广告一定要有吸引力，因为现在招商的服装品牌数量太多，在有限的版面里，必须详细地传达产品的信息以及一定的加盟政策，有效吸引潜在受许人的眼光并引起他们的兴趣。服装广告往往图文并茂更具有吸引力，还应适当加入创意。另外，招商广告以扬长避短为原则，重点表现强项。

（2）招商会

招商会是直接针对目标受许人进行招商宣传的最有效的方式，与产品发布会（时装秀）结合往往可起到较好的效果。

（3）展会招商

现在各类服装服饰展会很多，影响最大的当属每年于北京举办的中国国际服装服饰博览会（CHIC），该展会可以看作是服装行业内人士的一次大型盛会，在该展会上能看到众多知名厂家、代理商、原材料商、内衣从业人员等的身影。如果能在展会上配合时装发布会，可以更直接地给目标受许人展现公司的实力和产品信息。服装展会现在细分比较多，例如休闲装展、内衣展、童装展、女装展等。每个展会都直接面对目标人群，可以根据产品的分类来选择参加合适的展会。

（4）人员招商

人员招商直接面对目标受许人群体，主要通过人员的有效沟通来说服目标受许人，成本相对比较低廉，但速度较慢，对人的素质要求比较高。此种方式一般适合于在市场成熟期更换受许人或者新进小范围区域招商时采用。人员招商的一般步骤如下：

① 收集相关受许人资料，如受许人的经营情况、声誉、资金实力甚至个人喜好等，知己知彼，才能在谈判中处于有利位置；

② 电话拜访；

③ 上门面谈、进行沟通和说服目标受许人。注意带齐公司相关宣传资料，让目标受许人能对公司有较全面的了解。

当然，招商的方法还有很多，可以通过朋友介绍，受许人有时也会主动上门咨询。关键是企业拥有什么样的资源，最适合的才是最好的，招到好的合作伙伴，就为市场的成功迈出了坚实的一大步。另外，还应注意把握好招商中的细节和技巧。

2. 招募步骤

（1）消息发布

① 媒体宣传

在这一阶段主要以信息传达为主，把招募受许人的意向及基本信息传递给加盟者，如同招募方式中所讨论的以不同的媒体或方式将招募信息传递给有意加盟者。

② 回应电话或传真

连锁特许人可以通过各种通信形式（电话、信件、网络）供有兴趣的加盟者索取资料。除此之外，还应备有书面或口述资料，由专人提供解答，但一般都是仅就初步加盟状况做解说，因为这个步骤是为了回应有意加盟者，并且对受许人做初步过滤。一般加盟广告并不能很清楚地说明细节，为此企业甚至提供 24 小时电话语音资料说明。

③ 提供有兴趣人士基本加盟资料

如果受许人符合基本要求，会有较完整的书面材料以供参考，同时会要求与特许人面谈，或出席连锁特许人的说明会。电话或传真能提供比招募广告更详细的资料，经过初步过滤的有意加盟者，还可以通过邮寄获得更加详细的书面资料，甚至包括加盟申请书。

（2）面谈

① 面谈审核

面谈是所有连锁特许人不可缺少的步骤，面谈方式有个别面谈、团体座谈，甚至包括模范店面参观。在面谈时，对受许人本身的审核观察，也会在此步骤中进行。正式面谈的重点，除了观察了解受许人的理念及状况外，最重要的就是让受许人了解相关的权利、义务等问题。

② 签约加盟预约

如果受许人初步符合要求，会有所谓"加盟预约"的签订（可考虑收取一定的意向金），以保证准受许人不被同行业其他特许人抢走。

（3）评估及审核

① 加盟店地点评估

除了特许加盟外，加盟店都需要自己拥有店面或承租店面，所以加盟店必要的审查项目包括加盟店地点评估。开店的地点对经营成败有决定性的影响，选地环境与连锁受许人有密切的关系。加盟店的经营成败，会影响到整个加盟系统的形象；加盟店的营运成功与否，加盟店地点是关键因素。所以，在正式签约之前，一次或者多次到加盟店评估地点，是必要的措施。加盟店的店面大多由连锁受许人自己物色，特许人则提供针对公司商品市场区域内的专项调查和获利评估，其中包括专业的商业区评估、各时段客流量的差异性、竞争对手状况、消费者及人口分布与结构、消费客层、交通状况、未来趋势等。

② 审查受许人资金状况及其他条件

一个优良的店铺必须考虑店铺本身、地点、资金、商品、人员这五个条件。除了加盟店地点及受许人本人外，受许人财力及其他条件也必须一起考虑，但通常是以财务状况为主。加盟时必须交纳一定金额的加盟金或权利金，之后有的企业则规定受许人每月固定缴月费（也有按营业额提成或直接供应原料），除了一般财务条件审核外，有时也包括贷款及周转能力审核。

③ 人力安排

受许人人员的安排与管理，除个别公司特殊外，大多由受许人自行负责，特许人只负责招募的辅导及店员的培训。

以对加盟培训最完备的便利店渠道（CVS）为例，特许人定期为新员工、售货员及受许人的培训，受许人大部分只需配合特许人的培训即可。

一个合适的受许人，如果不能有效地聘用和管理全职、兼职人员，就无法将加盟店经营得很出色，但是特许人大多有一套完整的人力安排程序，可以提供给受许人参考，并定期给予辅导。

加盟店开张后，特许人会按经验及商场实际的规划，提出人数编制的建议，再与受许人沟通，产生全职及兼职的人员需求。对于寻找全职、兼职人员有困难的受许人，特许人除了给予辅导外，在新开店及重要促销活动时，也会给予人员的协助或支援，但以初期为限；如果受许人一直找不到合适的员工，特许人可将已建立的人力资源库及人力招募渠道资料，提供给受许人参考。

④ 资金的安排及应用

受许人的财务与特许人是分开的，除了部分受许人的收入必须先汇回公司，再由公司汇入受许人账户外，受许人大多是独立的财务个体。但是，特许人和受许人的利润是息息相关的，资金应用也是评估受许人的重要项目。特许人会提供所谓的财务收支计划，提供受许人毛利保证、成本收益等各类财务资料。受许人是否具备足够的创业资金十分重要，除此之外，也有借贷资金、融资等的辅导。加盟店正式开业或试营业对于柜台、成本、会计作业的辅导及营业周转资金的控制，特许人大多采取监督辅导的方式。在受许人资金不足时，即使特许人无法给予加盟融资，也会进行帮助辅导。

（4）正式签约

① 签约

如果有意加盟者符合连锁特许人的各项条件，接下来就该讨论签约的事了，尤其对有关受许人与特许人之间的权利与义务的条文，必须经过确认后方可签署。

② 受许人与相关员工培训

连锁特许人招募受许人，通常以具有相同或类似经验者为主，但也会有针对招募缺乏经验但却具有潜力的受许人加以培训的计划。一般可分为对受许人所做的受许人培训和对加盟店员所做的员工培训两种。有些企业则保留最后的审核权，如果受许人无法或不愿参加培训，特许人可以此拒绝其加盟。

③ 关于加盟的基本资料

特许人与受许人的纠纷，绝大部分是由于权利义务及配合事项的不明确所致。一个良好的连锁特许人提供给受许人的资料，应包括以下几个重要项目：

第一，合同内容、合约书，包括商标、商品、商场规定、营业活动和广告促销活动及合同期限等；

第二，权利与义务关系，主要包括加盟关系、责任归属、权利义务说明等；

第三，设立成本明细说明，包括预测营运收入、预估费用及支出说明、加盟金、担保金、履约担保、利润分配、费用归属、投资项目、公司补助、毛利保证等；

第四，服务，包括配送物流、信息、培训、辅导等；

第五，其他项目。

二、招商会策划

1. 招商会流程

① 确定目标受许人群体；
② 确定招商会的主题、时间、地点；
③ 给目标受许人群体发送邀请函、宣传资料；
④ 选择落实模特，确定时装秀等推广事宜；
⑤ 在有效媒体刊登招商会活动的广告；
⑥ 开会前几天电话跟踪目标受许人参加情况；
⑦ 确定目标受许人的餐饮、住宿等事宜；
⑧ 开会，展示公司实力，阐述公司销售；
⑨ 政策、加盟方案、模特走秀展示产品等；
⑩ 洽谈并签订合同；
⑪ 相关人员进行业务跟进。

2. 招商会策划演练

① 开拓新的加盟商；
② 提升老加盟商的士气；
③ 淘汰一部分老加盟商；
④ 订货会。

第三节 • 服装店铺促销

一、服装店铺促销计划

1. 指导店铺促销的重要公式

门店促销是指门店将产品及其相关有说服力的信息告知目标顾客，说服他们做出购买行为而进行的市场营销活动。一般情况下，购买服装的消费者计划性消费仅占30%～40%，冲动性消费则占到60%～70%，通过促销，可以聚集人气，吸引客流，提高销售额。所以门店在制定促销方案的时候，要根据一条非常重要的促销公式来进行：店铺营业额＝客流量×进店率×成交率×客单价。在制定促销方案的时候，促销目的是侧重客流量、进店率、成交率还是客单价，所使用的促销方式各有不同。如新开门店，主要侧重打造知名度、渗透率，选择的促销方式有事件促销、竞赛活动、公关活动、媒体广告等；如果是老门店，主要侧重稳住顾客的忠诚度、来店频次、客均消费，选择的促销方式有会员卡、积点返利、限时抢购、主题特卖等。

2. 服装店铺促销计划的种类

随着服装促销目的的不同，服装促销计划有4个不同的种类。

（1）年度服装促销计划

一般而言，为营造店铺的气氛与动感，应以年度为计划基准，规划年度服装促销计划时程，并且以下4点为重点。

① 与当年度的营销策略结合

专卖店与消费者接触最为亲密，公司与消费者之间是有赖于营销沟通策略的，每年推出不同主题的营销策略，可以使消费者对品牌形象的认知更为肯定，因此年度服装促销计划结合营销策略，可以使得品牌形象更加生动，消费者对品牌的好感度增加，同时结合营销策略也能使得资源运用更为集中，具有延续效益。例如，某休闲服饰店年度营销沟通策略主题为"社区生活伙伴"，举办的服装促销活动以社区居民为主要目标群体，表现出对社区居民的关怀与共同生活的理念，因此举办"社区休闲大赛"服装促销活动，不仅凝聚了社区居民的情感，而且增加了社区消费者对本店的好感度。

② 考虑淡、旺季业绩差距

几乎任何品牌都会有季节趋势的特性，对于业绩会有不同程度的变化，因此在年度经营计划中应考虑此特性，当然服装促销活动的规划也必须要考虑淡旺季的影响。淡季的服装促销活动除了能延缓业绩下降外，还可以尝试以形象类服装的促销活动，来增加品牌形象的认知，旺季的服装促销活动因竞争较为激烈，通常以业绩达成为主要目标。

③ 节假日特性的融合

节假日包括国家法定节假日与非国家法定节假日。国家法定节假日包括国庆节、中秋节等，非国家法定节假日包括重阳节、母亲节等。

④ 年度服装促销行事历

年度服装促销行事历是以年度营销计划为策略始点，将整年度的服装促销活动，以行事历的方式表达，目的在于使得品牌方充分掌握年度服装促销活动的重点，同时也能以整合性的营销策略规划服装促销活动。

（2）主题式服装促销计划

所谓主题式服装促销计划是指具有特定目的或是专案性服装促销计划，最常使用在店铺开业、周年庆、社会特定事件以及商圈活动中。

① 店铺开业

店铺开业代表新通路点的开发以及服务地区的延伸，为专卖店的一大要事，开业期间能吸引多少顾客，会影响未来店铺营运的业绩，因此通常店铺开业期间会搭配服装促销活动，以吸引人潮并且刺激购买欲望。店铺的经营有赖于顾客的维系，因而顾客资料相当重要，所以在开业期间的服装促销活动就得在此多费心思，不妨利用开业服装促销留下顾客资料，作为未来商圈耕耘的基础。

② 周年庆

店铺既然有开业，当然也有周年纪念，因此周年庆的服装促销活动成为目前最常被炒作的话题。虽然周年庆年年都有，若是能多加一点创意，多用点心思，仍然可以走出刻板的模式，创造出新鲜感的话题。

③ 社会特定事件

专卖店除了销售外，就另一种层面而言，也是资讯信息流通中心，所以专卖店对于社会发生的事件，必须保持敏感度，平时与顾客接触时可当作闲聊话题，拉近彼此距离，建立情感，遇某一事件发生时，也可以举办服装促销活动，一则表示企业关怀社会，二则刺激购买来提高业绩。

④ 商圈活动

零售店的经营具有区域性，商圈顾客的掌握为最根本之道，连锁店虽然拥有多家店经营的规模利益，仍不能脱离商圈耕耘的基本动作，因此商圈活动必然成为未来区域经营的重点。

（3）弥补业绩缺口的服装促销计划

业绩是专卖店维持利润来源最主要的管道，也是代表品牌在竞争下市场占有的态势，营业人员每日所为就是在确保业绩的达成，因此以月为单位，以周为单位或以日为单位，都应设立预警点。若发现到达预警点即以服装促销活动来弥补业绩的缺口，为了能有效而准确地达到目的，平日应建立"服装促销题库"，遇有状况便能派上用场。至于预警点的设立标准，则会因各业态及专卖店特性而有差异，不妨以过去正常业绩趋势为参考值；某店铺在当日下午6点累计业绩通常为该日业绩的60%。诸如此类，以专卖店特性，建立预警点的参考值，对业绩的达成有相当大的帮助。当然设立预警点不能一成不变，必须随时参考每一个时点的各种因素，才能符合当时的效益。

（4）对抗性服装促销计划

经营本身是动态的，在市场的激烈竞争之下，专卖店随时要有接受挑战的准备，由于连锁店的蓬勃发展，竞争的加速化是可以预期的。消费者长期受到服装促销的诱惑，竞争对手的服装促销活动很可能使得顾客流失，造成业绩下降，必要的对抗性服装促销活动因此而产生。由于对抗性的服装促销活动通常较为紧急，可运用的时间较短，若能平日建立"服装促销题库"，在面对应变时，可以立即运用。

3.服装促销方案计划

经过上述阶段的策略思考之后，接下来便是拟定服装促销方案，服装促销方案的内容包括以下项目。

（1）目标对象

只针对某一群消费者举办的服装促销活动，以便拟定最适合的服装促销手法。

（2）主题

主题的设定必须具有创意性、话题性，若能创造出口语或标语，则可兼具广告效果。

（3）诱因

诱因是指消费者获得的部分，例如赠品、折扣等，诱因的大小要同时考虑消费者的接受度，以及企业成本的负担。

（4）参加条件

参加条件是界定哪些消费者可以参加，以及如何参加此服装促销活动，例如，购买金额满300元可参加抽奖。

（5）活动期间

活动期间是指服装促销时间的设定，依过去经验及消费行为特性，决定长短合适的活动时间。

（6）媒体运用

媒体运用是指通过信息传递的管道，将服装促销的信息传达给消费者。由于信息是否准确且及时地传达给消费者，对于服装促销期间的来客数量会有相当大的影响，因此必须谨慎地评估及选择媒体。

二、服装店铺促销实施与评估

1.服装店铺促销的实施

促销方案制定之后，便根据方案实施，促销活动的实施到位是确保促销活动效果的关键。

2.促销效果评估

促销是提高客流量、销售额和毛利等经营指标的重要手段，进而实现扩大市场占有率，提高盈利能力，提升品牌知名度、行业地位，培育竞争优势，提高企业市场价值的最终目的。每次促销除了希望在促销期间提高经营指标之外，更重要的是促使经营指标持续增长，以实现促销的最终目的。每次促销活动之后，必须对本次促销活动的效果进行评估，总结成功的经验，找出教训和不足。

（1）主要评估指标

销售额是衡量店铺业绩的主要指标，毛利是代表盈利能力的标志。而促进销售额增长的途径包括：客流量、客单价和成交率的提高。同时，品牌知名度、忠诚度和美誉度既是企业的无形资产，也是保证销售额持续增长的基础，这些和广告效果、店内商品和服务的组织有直接关系。因此，促销评估的基本指标就是：销售额、毛利额、客流量、客单价、成交率、市场占有率、店铺的价格、商品质量和服务形象，以及广告费投入与销售额、毛利、客流量增量的比例等。根据用途、来源和获取方式，这些指标可以分为以下几类。

① 促销计划指标

店铺一般都有年度促销计划和每次促销活动计划，对某次促销活动的评估一般只涉及本次促销活动计划。一次促销活动的计划中涉及的主要指标和内容除上述基本指标外，还包括促销商品的准备、促销活动在店铺内部的落实和准备情况等内容。这些计划指标的实施结果是衡量促销效果的重要依据。

② 内部业绩指标

内部业绩指标指是促销期间店铺所实现的上述基本指标。这些指标一是可以从企业信息管理系统中直接提取，或从财务核算中获得，如销售额、毛利额、客流量、客单价、成交率，以及广告宣传费用等；二是要靠门店员工打分评估得来，如促销商品的准备等；三是依据管理人员检查考核的结果，如促销活动在店铺内部的落实和准备情况等。

③ 外部环境指标

外部环境指标是用来评定通过本次促销对企业品牌形象、行业地位、行业影响力等的作用。这类指标一是需要通过顾客问卷调查和访谈调查来获取，如企业价格、产品质量和服务形象等；二是需要通过实地调查、资料分析、推算等方式得出，如促销期间竞争对手的反映、市场容量和行业动态等，市场占有率＝销售额/市场容量。

（2）主要评估方法

① 同比分析

一般选取当年的促销活动期间和上一年同一个促销活动期间进行同期比较。

② 环比分析

选择促销前、促销期和促销后3个相同的时期的数据进行比较。

③ 比率分析

除了数额变化分析外，还需要进行比率分析。一是增长比率分析，例如销售额增长百分比的同比和环比分析；二是某指标和另外某些指标间的比率的同比和环比分析，例如本店铺销售额占整个市场容量的百分比，即市场占有率分析，促销费用占销售额、毛利额增量的比率分析等。

（3）综合评估

综合评估就是对上述各种指标同比、环比和比率分析的结果进行综合评价，分析各种指标之间的关系和成因，总体评价本次促销活动的效果。综合评估通常通过综合评估表来完成，一般根据本次促销计划中确定的促销目的，设定评估表中各项指标的不同权重。比如以扩大市场份额为宗旨的促销活动，销售额指标的权重就应该大些；而以增加企业盈利为宗旨的促销活动，毛利额指标的权重应该大些；以扩大企业知名度为宗旨的促销，价格形象和服务形象指标的权重就应该大些。最后，根据综合评估表计算的结果并分析各项指标的形成原因，就可以初步确定本次促销的效果。

第六章
服装时尚的流行

第一节 • 服装的流行现象

服装的变化现象和本质是相对的,现象是一种外在表象,分为真相和假象,真相是本质的真实反映,假象不是本质的真实反映。在服装的变化中也存在很多的假象,需要人们仔细辨别,去伪存真。被多数人认可和接受的服装才能称为流行的服装,流行现象是被大多数人接受的主流着装现象。本质是事物的根本性质,认识一个事物要从本质出发。抓住服装变化的本质才能从根本上把握服装。

服装中的稳定是相对的、暂时的,在流行期的流行服装相对来说形式比较稳定,但是一旦流行的风向转变,这些服装也就过时了。和"流水不腐"的道理一样,服装变化是绝对的和永恒的,只有不断变化发展的服装才能保持旺盛的生命力。不论服装如何变化,其本质是不变的,服装始终是为人穿着,基本功能不会变,离开了人这个中心,就没有服装可言了。服装的形成不是一蹴而就,服装的变化不是一朝一夕,而是在遵循由表及里、由深到浅的规律基础之上不断推陈出新。和其他事物一样,服装应时而生又适时而变,受到客观规律的制约。

一、流行概述

1. 流行的定义

流行是一种迅速传播而盛行一时的现象。流行有着深深的时代烙印,经济、政治、文化、生活方式、意识形态的变化都会影响流行的变化。流行的内容很广,不仅服装、建筑、日常用品、音乐、舞蹈、体育运动等人类实际生活领域存在流行,而且人类的思想观念、宗教信仰等意识形态领域也存在流行。流行源于人们对身份地位、对美和新奇东西的追求以及对使用物品的需求等。希望与众不同,突出自己，不满足于现状，喜新厌旧，不断追求新奇和变化的求变心理是服装流行的原动力。需要强调的是，并不是成为流行的都是高尚的。流行的高低档次和信奉该流行的人群素质有很大的关系，一般积极乐观的人群喜欢高品位的流行，而精神消沉的人群喜欢一些颓废的流行。作为服装设计师来说，应当具备好的、高雅的审美眼光，设计美的、高品位的服装，积极引导消费者，给人以精神上的享受。

服装的流行现象是流行本质的反映，是主流审美意识的趋向，体现为流行时期内大多数人们的着装样式和形式。通过服装流行现象的分析和研究，可以预知流行的风向，对服装设计师有着重大的现实意义。

2. 流行的本质

（1）流行与变化（标新立异）

流行通常与传统相对，传统是那些社会固定化的常规。流行的表现就是求"新"，求新就要变化，没有变化就无所谓"新"了，所以变化是流行的灵魂。不"破"则不"立"，流行就是在打破旧常规的基础上建立起来的、被多数人接受的新规则，例如，新的思想、新的产品、新的生活方式、新的环境等。流行具有时代的特征，某个时代流行的东西虽然打破了当时的一些传统和常规，但一旦时代发展了，就会被新的东西取代，流行也就跟着过时了，那么这些过了时的流行，有的形成了传统，有的成了经典，是特定时代的标志。处于某种流行中的人们，既希望迅速融入流行中，寻求心安理得的惯性心理，同时又受喜新厌旧的求变心理支配，流行也是在这种心理的矛盾中不断变化和发展的。

（2）流行和模仿（大众化）

塔尔德认为，人们的行为受到周围人的影响，是一种暗示和模仿。人们的模仿能够推动流行。模仿是在模仿者与被模仿者之间存在同一环境，通过一方的刺激，另一方被诱发而产生的。例如，小企业对大企业的模仿，能得到同样的管理方式；对强者的模仿，可以在心理上得到同等优越地位的感受；对美和流行的模仿，可以获得被称赞的喜悦。直接模仿是原封不动地抄袭，不假思索，形似而神不似是一种盲目的模仿；而创造模仿是有主见、有目的、有选择的部分模仿，"取其精华，弃其糟粕"，这种发展模仿形成流行的个性化现象。

（3）流行的过程

流行的普及可以分为三个阶段：盲目追随阶段、积极追随阶段和消极追随阶段。第一阶段的模仿者多为那些求变心理比较强的人，是一些狂热的流行追随者，他们不仅对新的流行十分敏感，而且还毫无目的地模仿和追随。许多流行只是在这些人当中被模仿后很快就消失了。但是，从众心理不强的人不会马上投入这样狂热的模仿中，他们相当冷静，用自己的价值观念对新的流行现象进行分析和判断，肯定其中新的因素，抛弃其偏激的成分，充分进行权衡和比较，然后才进行间接性的模仿。他们的着装会更加贴近现实生活，又别致新颖，所以一旦这些人开始改变后，就会引起很大范围的流行，继而又有很多人加入其中，流行就此进入积极追随阶段。这些"第一个吃螃蟹的人"可以称为个性追随者，是流行的领头羊。从众追随者受到"不能落伍"的从众心理支配，参与个性追随者扩大的流行，他们相对积极追随者来说显得被动和消极，他们的参与使流行在最大范围内得到普及，流行也因此而失去了魅力和诱惑，没有了新鲜感，预示着新一轮流行的开始。

（4）流行的要素

形成流行的要素主要有四种：权威性、合理实用、新奇、美。不同时期对这些要素的侧重也不同，不同的要素组合形成的风格也不一样。流行方向可以分为三种：自上而下式、自下而上式和平行移动式。例如，20世纪的服装流行多显示出对权威的追随，呈现出一种自上而下式，但是民主化使现代的流行更加重视合理的功能性和实用性，流行的方向也趋向于水平的横向扩张。服装的流行最重要的是美和新奇，缺乏这两个要素，就很难形成流行了。

（5）流行的周期

流行具有一定的周期性，是反复规律的表现。反复是一种客观自然规律，从生命的产生和消亡，从人类自身的变化和发展，都经历一个生息轮回的过程；同样在艺术审美中，反复也是一种形式美法则。流行的周期主要受到社会环境的制约，特别是决定人类生活方式的经济基础和与之相应的上层建筑直接左右着流行的寿命。随着生产技术和科学的进步，流行传播的速度越来越快，短时间内可以覆盖很广泛的区域，因此流行的周期也越来越短。

二、服装的流行

1. 服装流行的界定

服装中的流行是指在服装领域里占据主流的服装流行现象，流行的服装是被大多数人广泛接受的服装风格或样式。服装中的流行是众多流行中的一种，与人们的日常生活有着最直接的联系。

2. 服装流行的内容

（1）款式的流行

服装款式的流行包括服装的外轮廓和主要部位的变化特征等方面。服装款式的流行具有时代的表征性，一个时期的服装都有其特定的代表样式，同时，诸如装饰手法、装饰图案等细节和部位也有其自身的变化趋势。服装款式的变化主要有六种：简繁对换规律、循序渐进规律、终极而返规律、系列分化规律、性别对立规律、强化功能规律。

服装造型存在简洁、烦琐两种风格，简洁不是简单，烦琐不是累赘。简单的款式也可以做出很丰富的效果，烦琐的款式也可以给人以概括精练的感觉。设计语言最忌讳毫无目的地堆砌和没有内容的空洞。简洁就是精简到极致，每一根线、每一个细节都是经过精心思考和设计的；烦琐也要将不同的元素和谐有序地搭配，才能既丰富又不杂乱。服装的风格总是在不断变化发展的，简洁与烦琐相辅相成，没有哪一种可以成为永恒的时尚。

循序渐进的规律：人们思想意识上的不断变化、观念形式上的开放推动了服装设计概念和形式上的变化。

终极而返的规律：服装的造型可以极度夸张，但是，当夸张到一定程度的时候，就会朝向它的反方面。造型的极端有长与短、宽与窄、大与小、方与圆、高与低、正与斜、柔与刚等；从服装立体造型来看，有重与轻、厚与薄、凸与凹、平与褶、空与实、粗和细；从表现形态上来看，有软与硬、皱与挺、飘与僵、光与糙、轻与重、亮与暗、素与花等。

（2）色彩的流行

色彩流行是指在一定时期和地域内，受到消费者普遍欢迎的色彩组合，是市场上最畅销的颜色。很多公司在进行产品规划之前都要对流行色彩进行调查，以更好地迎合市场。在做生产计划前都要参考流行机构发布的流行色预测，以更好地把握色彩的流行方向。

（3）面料的流行

面料的流行是指面料的原料成分、织造原理和图案工艺呈现出的外观效果。面料的流行应考虑季节性和穿着方式等因素。

（4）纹样的流行

纹样的流行是图案、样式的风格、形式等的倾向，主要包括以下几种：几何形、花卉、风景、人物、动物、静物、植物等图案的表现技法。不同的纹样给人以不同的视觉感受和心理感受，现代服装的纹样设计将不同风格的图案相结合，产生出独特新颖的纹样形式。例如，将民族图案和运动图案结合在一起是近年来的一大流行趋势。

（5）工艺细节的流行

工艺细节包括很多方面，例如，缉明线、印花、开衩、绳边、抽褶等。工艺细节的流行与人们的思想意识、生活方式有很大的关系。例如，现代人生活比较随意，在服装的细节上，多采用各种各样的抽褶方式以产生随意、活泼的线条。

（6）着装方式的流行

着装方式就是人们搭配服装的方式，搭配方式的不同可以呈现出不同的风格，给人以不同的视觉效果和心理感受。现代设计中，很多时候设计师不仅要设计出新颖的服装款式，同时还要设计出新的搭配方式，这些也是服装第二次设计的内容。

（7）妆容的流行

妆容在现代社会中越来越重要，不同的妆容给人以不同的视觉感受。同时，为了配合服装的风格，人们也需要了解各种化妆产生出的不同效果。例如，烟熏妆就是在人的眼圈周围涂上黑色的、类似于烟熏一样的颜色，给人以颓废和神秘的感觉，充满了诱惑感。在许多国外大师的时装发布会上，为了配合设计师的设计理念和服装风格，模特的发型也做出特别的造型，有的古怪离奇，有的新颖夸张；妆容也是各式各样，这些都是发布会上的一大亮点。奇特的装扮也吸引了新闻媒体的注意，增加了设计师的曝光率，加深了人们对服装的印象。

三、服装流行的原理

1. 实用原理

服装是人的第二皮肤，有防风挡雨、增加人体的抵抗能力的作用，具有一定的实用功能。服装的实用功能也是促使服装流行的因素之一，它随着时代的进步而进步，当旧的功能不能满足新的需求时，就会催生出新的、更实用的服装样式。

服装流行的产生必须在一定的时间内有相当比例的人来穿着，所以很多厂商为了吸引消费者集中注意力，对所生产的产品和新的流行概念进行大肆宣传，促使流行向着一个方向发展，这也是形成流行的原因之一。

2. 审美原理

人们有被爱和被关注的需要，除了用言行来证明自己的价值以外，人们还可以通过具有审美功能的服装来获得别人的关怀和认可。当人们第一次见面的情况下，都希望给对方留下深刻的印象，同时也希望了解和摸清楚对方的情况，但是在很多现实条件不允许的时候，只能借助于服装这个手段，通过对方的穿着打扮初步估计对方，以做出相应的反应。服装可以扬长避短，修饰和美化人体，使人们在待人接物的时候更加自信，因此，好的服装式样的出现会刺激人们的消费欲望。

很多没有个人穿着风格的人不知道穿着什么比较合适，人们穿着的"从众心理"使得他们不得不对多数人认可的模式进行积极模仿，以期望获得社会的认可。

四、服装流行的形式

流行的服装是在一段较长的时期内人们普遍采用的某种款式的着装现象。人们普遍选取的款式，一般都具有美观和优良的价值。服装的流行，是人们对某一类款式广泛认同，使其流行范围扩大，这说明人们的价值观念正经历从少数到多数的过程。在服装流行的初级阶段，只有少数人能接受，但是当多数人也对某类服装趋之若鹜时，这类服装就可以迅速地流行起来。服装流行的形式一般有三种：自上而下的形式、自下而上的形式、平行移动的形式。

1. 自上而下的形式

德国社会学家西梅尔提出来一种流行理论，他认为流行是具有高度的政治权利和经济实力的上层阶级通过下层阶级的播放逐渐渗透和扩大到整个下层社会的，以致使得上下两个阶级之间的界限变得模糊不清，于是上层阶级的人们又创造出能象征和表现其地位的新流行，以示区别，如此反复下去。

这种自上而下的流行形式是指服装从社会上层向平民百姓流行的形式，是服装流行比较广泛的流行形式。"上"代表的是社会上层，如王公贵族、社会名流等，他们是平民百姓关注的对象，他们的服装也是人们模仿的对象。例如，前英国王妃戴安娜气质高贵，众多的女性争相模仿。一种服装首先在上层社会中流行，一旦传入下层社会并被复制和最后普及，上层社会便开始寻找新的事物，于是就有了新的一轮流行。但是自上而下的形式已经不能解释很多现代社会中的流行现象。

2. 自下而上的形式

美国社会学家布伦伯格在研究分析20世纪60年代以来的美国社会时提出来一种理论，认为现代社会中许多流行是从年轻人、黑人、蓝领阶层以及印第安人等底层人民兴起的，上层社会的人们受到这种"反阶级""反传统""反文化"的、超越常规的新流行的冲击，被这种新奇的、前卫的样式所标志的"年轻"和"新颖"的魅力所折服，逐渐承认和接受这种流行，这就形成了一种自下而上的逆反形象。例如，众所周知的牛仔服装最初是由美国西部的淘金热而起，牛仔服装因其耐磨、价廉而深受淘金矿工们的喜爱，以至于成为典型的作业服装。后来由于各种文化的交融，牛仔服装开始出现在时装中，直至今日，牛仔服装已经变成前卫或休闲时装的一种。

3. 平行移动的形式

在现代社会中，工业化大批生产的特点和现代信息社会媒体传播的大众性，可以将有关流行的大量信息同时向社会的各个阶层传播，网络的发达更加速了信息传播的速度，人们几乎在同一时间可以接收到同样的信息。各种各样的发布会、服装展览激发了消费者的从众心理，于是，流行的实际渗透是从所有的社会阶层同时开始的，这种水平流动理论能够更好地解释大众市场环境下产生的流行新现象。平行移动的流行形式最大众化，也很容易失去流行效应，所以，要想保持一定时期的流行热度，不仅要依靠强大的广告宣传，还要真正做好服装、做好市场。

五、服装流行的特点

1. 时效性

服装流行是一个时代的反映，时代不同，服装的流行也不一样。服装只有在大多数人穿着的时候被称为流行服装，一旦流行的风向变化，没有人穿着了，服装也跟着过时了。即使很多年后，有相同风格的服装出现，也已经不是原来的面貌了。所以，服装的流行是与时代密不可分的。在现代社会中，由于大众市场的竞争激烈，为了打造自己的市场，分众市场在主流的市场中分化出自己的阵营，逐渐占领了一席之地，同时也领导了分众市场的流行趋势。例如，在内衣市场竞争激烈的时候，有的公司提出了与内衣相区别的"保暖内衣"和"塑形内衣"的概念，从而分化出保暖内衣和塑形内衣的市场，营造出自己的天地。

2. 上升性

服装是人们精神的体现，而服装设计是以改善人类生活条件、塑造美的形象为目的，所以服装的流行是积极上升和不断进步的，是朝着美和高层次的方向发展的。

3. 循环性

服装流行的循环不是机械式地重复，而是螺旋状地上升。在循环的过程中流行服饰加入了符合时代的元素，注入了新的活力，赋予了新的理念和精神。即使流行的风格一样，其表现手法、面料、色彩、工艺以及装饰手法都已经大不一样了，虽然能够辨认出来，但也只是一个大感觉而已。

4. 渐进性

就像服装设计一样，服装的流行不是一朝一夕形成的，其流行一般有一定的先兆，最初流行的样式一般只有少数人穿着，这些人多数个性突出，喜欢求新求异、与众不同，敢于挑战传统；随着模仿的人数增加，更多的人加入流行中，流行便在更大的范围中流行起来。

5. 传播性

传播是服装流行的重点，也是流行的重要方式和手段，没有传播就难以产生流行。服装流行传播的途径主要有大众传媒、时装表演、影视艺术、展示博览、社会名流以及人们之间的相互影响等。

大众传媒是指由一些机构和技术媒体所构成的专业化群体，通过技术手段和设施向为数众多、分布广泛的公众传播服装流行的信息，由于传媒的发达，现代服装流行的传播使得人们在接受流行信息上具有同步性。很多的传媒可以同时进行传播和推广，从而使得服装的流行信息在大范围内得到普及和推广，加快流行的传播速度。

6. 层次性

从流行发布者的角度来说，服装的发布具有层次性，一般都是从国际专业机构到国内专业机构，从专业机构到服装企业，然后到消费者的传播，由上到下。从消费者的角度来说，流行的传播因人而异，有一定的差异性。由于人们的身份地位、思想认识、文化修养、地理环境等各方面的差异，人们接受流行的方式和程度也不一样。同样流行的服装，年纪相仿的大学老师和大学学生就不能穿着一样，老师有一定的职业规范，而学生就没有特定的约束。

六、服装流行的预测

1. 流行预测

（1）定义

服装流行预测是指在归纳总结过去和现在服装及相关事物流行现象和规律的基础上，以一定的形式显现出未来某个时期的服装流行趋势。

（2）内容

流行的预测，从内容上可以分为量的预测、质的预测和全新样式的预测三个方面。

2. 服装流行的运用

人们追随流行的心理主要有追求实用的心理、社会性表现的心理、求美的心理。

（1）追求实用的心理

人们的使用价值观念包括保暖护体、防止损伤等，新功能的出现也能吸引人们的视线。例如，家电产品特别是电脑的普及使用，使得电磁辐射对人体不利变得十分普遍，一些防辐射服装产品的出现马上赢得了市场，尤其是针对小孩、操作电脑的工作人员以及孕妇等人群设计的服装十分受欢迎。很多产品就是依靠新功能的使用价值取胜。

在大众市场竞争白热化的今天，避开锋芒，剑走偏锋，也是许多小众市场取胜的关键。例如，当女装、男装、童装市场打成一片的时候，不要盲目地投入其中，因为大家都看得到的利润一定竞争十分激烈，反而是那些一般人都认为不可能有市场和利润的地方竞争小，而且利润率更高。针对特殊的人群，如果能够做出功能完备和针对性强的服装，就可以获取高额利润了。

（2）社会性表现的心理

服装能够显示着装者的地位、身份、阶层、文化层次和修养等，因此服装具有社会象征的作用。商家可以利用这种心理作用生产出能够满足消费者的不同需求的服装。例如，西方的贵族阶层服装往往十分昂贵，款式新颖，做工考究，以显示自身的高贵血统；白领阶层希望服装能显示自身有文化、有修养的一面，所以企业可以根据这类人群的特点专门设计服装，以期很好地满足他们的需求，从而获得自己的市场。

（3）求美的心理

爱美之心，人皆有之。人们对美的孜孜不倦的追求是服装流行不断变化的原动力，服装的美通过服装这个媒介传达给人们。服装的美不仅包括款式、面料、色彩的美，还包括流行美，一件衣服不管穿着多么合体和舒适，但人们往往认为过时了的服装就已经不美了；而且如果一意孤行、坚持穿着的话，走在大街上就会格格不入，马上感觉到落伍了。从众心理促使人们购买新的、时尚的服装，以期获得社会的认同。

第二节 • 流行周期

一、流行周期的定义

流行是一个过程，它是一个事物通过人类的相互模仿而盛极一时的过程。可以说，流行是一个宽泛的社会现象，它包含着丰富的社会内涵，从兴起到衰落具有自身的特定规律。同时，我们也注意到流行现象是可以分门别类的，它们既具备流行的共同属性，又因为各自的诱因驱动表现为不同的特殊表征。

流行作为单位时间内群体的喜爱偏好，具备一定的影响因素。具体来说，流行就是在一定的历史时期，一定数量范围的人受某种意识的驱使，以模仿方式普遍采用某种行动、生活方式或观念意识时所形成的社会现象。开始，新的流行与现存的流行相比处于弱势，但随着发展，它将替代现存的流行，成为新的流行热潮。

二、流行周期的发展过程

服装流行的周期就是其从产生到衰退的整个生命过程,因此,流行周期的发展过程可以分为四个阶段。

1. 流行的萌芽阶段

少数流行引领者的聚焦使得一款或一组服装开始从无到有,通过他们的穿着和使用,显示出与众不同的效果和作用,并开始诠释服装的社会价值和自身品位。在这个阶段,流行尚未跨出少数流行引领者的社会阶层,流行引领者希望在本阶层中得到他人的认可和追崇。

2. 流行的兴起阶段

在流行初期得到本阶层的认可和接纳后,服装流行通过非主流渠道向其他阶层人群扩散和传播,流行受众群体得到扩大,文化价值的碰撞和融合在兴起阶段显得十分必然和重要。

3. 流行的鼎盛阶段

当新的流行渐渐地被更多的人接受时,其他人就会迅速地加入流行行列中来,以获得"跟上时代"的安全感。服装流行的鼎盛时期到来,一定程度上意味着流行服饰本身的价值观在全社会中得到大多数支持,大量模仿者开始涌现,流行被进一步诠释和改良,以适应广大追随者的特征和品位。流行的鼎盛阶段作为流行成熟的标志,意味着一项流行活动取得了成功。

4. 流行的衰退阶段

当"流行"充分流行之后,就失去了该流行的追逐性和刺激性,使追求时尚的人对此失去兴趣。流行引领者在完成开发和认同后,已开始着手酝酿新的流行,原有流行逐步随着商业价值和社会价值的耗尽而离开流行的舞台。

三、流行周期的规律

一种事物开始兴起时,会受到人们的热切关注、追随,继而又会司空见惯,热情递减,产生厌烦,最后被完全遗忘。法国著名时装设计大师克里斯汀·迪奥说:"流行是按一种愿望展开的,当你对它厌倦时就会去改变它。厌倦会使你很快抛弃先前曾十分喜爱的东西。"这种发生、发展、淡忘的过程是流行的基本规律,也可称为一个流行周期。任何事情的发展都有它自身的变化规律,服装的流行也不例外。

服装的流行具有明显的时间性,随着时间的推移而变化,这种变化是有规律的,表现为循环式变化规律、渐变式变化规律和衰败式变化规律。

1. 服装流行变化的基本规律

(1) 循环式变化规律

循环式变化规律是指一种流行的服装款式被逐渐淘汰后,经过一段时间又会重复出现大体相似的款式,所谓"长久必短,宽久必窄",说的就是这个规律。但这种流行的方式是在原有的特征下不断地深化和加强,是流行的变化渐进发展。这种循环再现无论是在服装造型焦点、色彩运用技巧上,还是服装材料使用上,与以前相比都有明显的质的飞跃,它必然带有鲜明时代的特征,运用更多的现代人文、科技发展的结果,必然更易被社会所接纳。

(2) 渐变式变化规律

渐变式变化规律是有序渐进的意思。流行的开始常常是有预兆的,它主要是经新闻媒介传播、由世界时尚中心发布最新时装信息,对一些从事服装的专业人员形成引导作用,从而导致新颖服装的产生。最初穿着流行服装的毕竟是少数人,这些人大多具有超前意识或是演艺界的人士。随着人们模仿心理和从众心理的加强,再加上厂家的批量生产和商家的大肆宣传,穿着的人越来越多,这时流行已经进入发展、盛行阶段。当流行达到顶峰时,时装的新鲜感、时髦感便逐渐消失,这就预示着本次流行即将告终,下一轮流行即将开始。总之,服装的流行随着时间的推移,经历着发生、发展、高潮、衰亡阶段,它既不会突然发展起来,也不会突然消失。

(3) 衰败式变化规律

衰败式变化规律是指上一个流行的盛行和下一个流行的蓄势待发有结合点。服装产业为了增加某种产品的获利,在流行的一定阶段会采取一些延长产品衰败性存在的时间措施,同时又忙碌着为满足人们再次萌生的猎奇求新心理创造新一轮流行的视点。

2. 服装流行的时间性

(1) 流行的时空性

服装的流行联系着一定的时空观念。时间与空间都有它们的相对性。在不同的空间和时间里,服装有强烈的时效性。因为"新"是流行过程中最具有诱惑力的字眼,流行只有在"新"的视觉冲击中才能保持旺盛的生命力。所以,今天流行、明天落伍司空见惯;服装更新速度越快,它的时效就越短。从法国服装中心几十年来展示的服装中,可以看到风格的突变:曾经是色彩暗淡、宽松的服装流行全球,继而便是金光闪闪、珠光宝气、缀满装饰物的服装充斥市场;喇叭裤虽然以挺拔优美的气质独领风骚许多年，但仍无力抵挡流行的浪潮，终被宽松的"萝卜裤"替代，紧接着又出现了直筒裤、高腰裤以及实用而优雅的宽口裤、九分裤、七分裤等。服装款式的变化令人目不暇接。近年来，就连人们认为款式比较稳定的男装，也因流行潮流的冲击不断变化。因此，只有把握流行时间的长短和空间的范围，才能保证服装流行的效应。

（2）流行的周期性

服装流行在经历了萌发、成熟、衰退的过程而退出流行舞台后，又会反复出现在流行中，说明流行有周期性。流行的周期循环间隔时间的长短在于它的变化内涵，凡是质变的，间隔时间长；凡是量变的，间隔时间相对会短一些。所谓质变，是指一种设计格调的循环变迁。

若一种服装款式新颖，可能流行一两年就过时了，但它仍旧还是一种风格，只不过不再是一种流行款式而已；若干年后，它可能又会以新的面貌出现。美国加利福尼亚大学教授克罗在观察了各种服装式样兴起和衰落后，得出的结论是：服装循环间隔周期大约为一个世纪，在这之中又会有数不清的变幻……人类对于服装特征的研究表明，某种服饰风格或模式趋向于有规律的周期性重现。时尚周期的另一尺度与"循环周期"的原则有关，即一定时期的循环再现。近年来，国际服装流行的周期循环现象比比皆是，如典型外轮廓造型之一的直筒式，是流行于20世纪初迪奥风格服装的再现。而"复古""回归""自然"等主题，也都是服饰风格的周期循环。

人类不同的历史文化背景、观念意识对审美的影响是深刻的。当代是人类的个性自由充分发展的时代，人们的审美千差万别，一些历史的审美观往往以新的形式复活，服装的周期性循环正好说明了这点。

第三节 • 流行预测

一、流行预测的概念

流行预测（fashion forecasting）是指在特定的时间，根据过去的经验，对市场、社会经济以及整体环境因素所做出的专业评估，以推测可能出现的流行趋势活动。

服装流行是在一定的空间和时间内形成的新兴服装的穿着潮流，它不仅反映了相当数量人们的意愿和行动，还体现了整个时代的精神风貌。服装流行预测就是以一定的形式显现出未来某个时期的服装流行的概念、特征与样式，这个服装的流行概念、特征与样式就是服装流行预测的目标。

二、流行预测的方法（以流行色预测为例）

目前，国际上对服装流行色的预测方式大致分为两类：一是以西欧为代表的，建立在色彩经验基础之上的直觉预测；二是以日本为代表的，建立在市场调研量化分析基础之上的市场统计预测。

1. 直觉预测

直觉预测是建立在消费者欲求和个人喜好的基础之上的，凭专家的直觉，对过去和现在发生的事进行综合分析、判断，将理性与感性的情感体验和日常对美的意识加以结合，最终预测出流行色彩。这种预测方法要求预测者对客观市场趋势有极强的洞察力。

直觉预测对色彩预测专家的选择有着严格的要求。首先，参加预测的人员应该是多年参与流行色预测的专家，积累着丰富的预测经验，有较强的直觉判断力。其次，这些人员应该在色彩方面训练有素，有较高的配色水平和广泛的修养，并掌握较多的信息资料。即使如此，预测也不能仅靠个人力量，而是需要由具有上述条件的一批人来完成。西欧国家的一些专家是直觉预测的主要代表，特别是法国和德国的专家，一直是国际流行色界的先驱。他们对西欧市场的艺术有着丰富的感受，以个人才华、经验与创造力设计出代表国际潮流的色彩构图，他们的直觉和灵感非常容易得到其他代表的赞同。

2. 市场调查预测

服装市场调查预测是一种广泛调查市场、分析消费层次、进行科学统计的测算方法。

日本研究人员在注重服装市场数据的分析、调查、统计的同时，研究消费者的心理变化、喜好和潜在的需求，利用计算机处理量化统计数据，并依据色彩规律和消费者的动向来预测下一季的色彩。

美国研究人员则更加关注流行色预测的商业性，他们主要收集欧洲地区的服装流行色信息和美国国内的服装市场消费情报，利用流行传播理论的下传模式，通过不同层次消费者对时尚信息获取的时间差进行调查、预测，使服装上市时基本与消费者的需求相吻合；同时，还以电话跟踪的方式调查、了解消费者的态度，使消费者的反馈成为预测依据。

目前，我国也十分重视服装流行色预测，一方面，采用了欧洲服装业的定性分析方法，观察国内外流行色的发展状况；另一方面，根据市场调查取得大量的市场资料进行分析和筛选，在分析过程汇总还加入了社会、文化、经济的因素。随着经验的积累，色彩预测信息正日趋符合我国国情。

三、流行预测的内容

1. 根据流行产业链上各节点进行预测

(1) 纤维、面料的预测

纤维的预测一般销售期提前18个月,面料的预测一般提前12个月。

对于纤维、面料的预测主要是由专门的机构,结合新材料、流行色来进行概念发布。色彩通过纺织材料会呈现出更加感性的风格特征,所以关于纤维与材料的预测往往是在国际流行色的指导下结合实际材料来表达的,可以使人们对于趋势有更为直观的感受。

专业展会成为各个流行预测机构和组织展示成果的重要舞台。在各大纱线博览会、面料博览会可以结合材质更为实际地体验到未来的服装色彩感觉。

纱线、面料博览会上通常会展出新的流行色彩概念、新型材料以及上一季典型材料。有时还会制成服装更直观地展示这些新的发展趋势。

(2) 款式的预测

款式的预测通常是销售期提前6~12个月。预测机构掌握上一季畅销产品的典型特点,在预知未来的色彩倾向、掌握纱线与面料发展倾向的基础上,可以对未来6~12个月服装的整体风格以及轮廓、细节等加以预测,并最终制作成更为详细的预测报告,推出具体的服装流行主题,包括文字和服装。权威预测机构除了会对各大品牌新一季的T台秀作品做出归纳与标记,还会推出由专门设计师团队所做的各类款式手稿。

(3) 色彩的预测

在预测内容中,由于色彩是预测的基础,因此,专门的国际预测组织对色彩的预测多而详细。对材料以及款式的预测主要是在国际流行色彩的框架下配合材料来具体表现的,其预测与色彩相比没有那么严谨,因此内容相对少,主要是对各大机构以及展览资讯的及时收集,同时对于新材料的关注。

(4) 零售业的预测

零售业的预测主要是各大零售公司的专门部门通过信息的收集与分析,结合本公司的定位方向,对新一季的采购工作做出评价报告,并作为采购工作的依据。一般要比销售期提前3~6个月。服装零售业的预测在21世纪的重要特点是快速。国际上新型的零售服装品牌,如西班牙的Zara、瑞典的H&M的经营模式可以令研究者对零售业的预测有所了解。

这些大的零售公司通常并不热衷于创造潮流,而是对潮流做出快速反应。他们是潮流的发现者,在世界各地不停地旅行来发现新的流行趋势。从流行趋势的识别到把迎合流行趋势的新款时装摆到店内,时间通常在1个月内。

2. 按时间长短进行预测

(1) 长期预测

长期预测是指历时两年或更长时间所做出的流行预测，主要集中表现在：为了建立一个长期目标而做的预测，如风格、市场和销售策略；集中预测那些具有选择性的变化因素。

色彩预测通常提前两年，事实上更早一些时候各国流行色的预测机构便开始搜寻资料准备色彩提案，以便在国际色彩会议上讨论。品牌作为战略是为了树立某种风格，因而从设计到推广都需要全盘考虑。

(2) 短期预测

短期预测是指从几个月到两年的时间所作出的流行预测，主要集中表现在：寻找识别特殊的风格；这些风格所要求的层次；这些风格能被消费者期望的精确时间。

纤维和织物的预测至少提前12个月，通常差不多是两年的趋势。成衣生产商的预测通常是提前6～12个月。这些预测很关键，是选择服装风格进行生产的促进下一个季节流行的基础。应用这些预测，买方将计划出他们所需购买的商品风格、颜色与款式。

四、流行预测的研究

1. 法国

法国的纺织业、成衣业之间的关系比较融洽。这与他们近几十年来成立的各种协调机构有着密切的关系。20世纪50年代，法国纺织业、成衣业互不通气，中间似隔着一堵墙，生产始终不协调，难以衔接。后来相继成立了法国男装协会、女装协调委员会及罗纳尔维协会等组织。这些众多的协调组织在纺织、服装与商界之间搭起了桥梁，使下游企业能及时了解上游企业的生产及新产品的开发情况，上游行业则能迅速掌握市场及消费者的需求变化。

法国服装流行趋势的研究和预测工作，主要由这些协调机构进行。由协调机构组成的下属部门进行社会调查、消费调查、市场信息分析。在此基础上再对服装流行趋势进行研究、预测、宣传，大概提前24个月。首先由协调机构向纺纱厂提供有关流行色和纱线的信息。纤维原料企业向纺纱厂提供新的纺纱原料，然后由协调机构举办纱线博览会，会上主要介绍织物的流行趋势，同时制造厂通过博览会，了解新的纱线特点和即将要流行的面料趋势，并进行一些订货活动。纱线博览会一般提前18个月举行，半年之后，即提前12个月举办成衣博览会，让服装企业了解一年半后的流行趋势及流行布料，同时服装企业向制造企业订货。成衣博览会是针对商界和消费者的，展示半年后将流行什么服装，以便商店、零售商们向成衣企业订货。但近几年来，国际上的纺织服装专业展会竞争非常激烈，每年大大小小的区域性和国际性展会多达几百个，有的展会就缩短了间隔时间，一年举办两次发布会。

2. 美国

美国主要通过商业情报机构及色彩权威机构（专门从事纺织品流行色的机构），提前24个月发布色彩的流行趋势。这些流行信息主要针对纺织印染行业，美国的纺织上游企业将这些流行信息及市场销售信息主动提供给下游企业流行的面料成衣制造业的设计师。而设计师设计一年后的款式时，第一灵感来自面料商提供的面料。这些面料让设计师们挑选，同时面料商也根据市场信息做一些适当的调整，为设计师提供一条龙服务。

除了国际色彩权威性机构以外，美国还有本土的流行趋势预测机构即美国棉花公司。美国的一些成衣博览会和发布会向批发商、零售商和消费者宣布下一季将会流行何种服饰。总之，美国是通过专门的商业情报对纺织品、服装的流行趋势进行研究、预测，帮助上下游企业自行协调生产。

3. 中国

我国的服装流行趋势研究对推动我国服装业的发展、引导文明而适度的服装消费，发挥了积极的作用。我国服装流行趋势的研究已积累了相当的经验，建立了一套既适合我国服装业发展现状，又与国际流行趋势相一致的、具有中国特色的预测方法和理论体系。

预测系统主要包括定性分析、定量参考、交流探索、定性判断等环节。定性分析是预测的第一步，主要要求有关专家运用多思维和创造性思维去体会和分析。为了能随时对流行做出最佳的预测，最好能从各种层次的流行入口（少数特定到一般大众）了解，评估他们对流行趋势的接受情况，并按当时的宏观背景（审美倾向、生活方式、消费观念等）、微观环境（服装相关行业的流行变化、科技新成果、以往服装流行的形态等）做出综合考虑，研究其流行趋势。

第四节 • 流行传播

一、流行传播的理论

1. 滴水理论

滴水理论是流行理论中出现时间最早、传播最广泛的理论，在20世纪初期由社会学家提出。该理论认为流行自上而下传播，是从具有高度政治权力和经济实力的上层阶级开始，依靠人们崇尚名流、模仿上层社会行为的心理，逐渐向社会的中下层传播，进而形成流行。用滴水理论来解释流行的传播过程，正是契合了传统意义上的流行的纵向传播——从上等社会向下层社会辐射。基于19世纪以前的社会环境，齐美尔等学者认为，流行不可能出现在那些"社会融合"功能比"表明差异"更加强烈的社会中。法国路易十六的王后玛丽·安托万内特曾是那个年代的弄潮者。每当她更换新型头饰时，便迅速在贵族乃至平民之中流行开来。当平民百姓有足够的资本开始模仿上层阶级时，流行便开始传播了。

2. "下位文化层"革新

该理论又被称作自下而上的传播理论，它由美国社会学家布伦伯格在20世纪60年代提出。布伦伯格的观点与滴水理论恰好相反，它认为流行源于社会下层，由于强烈的特色和实用性而逐渐被社会的中层甚至上层所采纳，最终形成流行。例如像牛仔裤的流行，即是从年轻人、蓝领阶层等"下位文化层"兴起的。在维多利亚中期的英国，小男孩都穿着类似农夫的亚麻衣服，而女学生则模仿女佣人穿着硬而褶皱的白色围裙，服装的朴实、舒适成为了上层贵族模仿穿着的主要因素。

3. 水平传播理论

水平传播理论提出了一种新型的流行传播模式，认为流行并不单是自上而下或自下而上传播，也可以在各个阶层中水平传播。随着工业化进程和社会结构的改变，在发达的宣传作用下，媒介把有关流行的大量信息同时向社会的各个阶层传播，于是流行实际上在所有的社会阶层中同时开始。这种状态无所谓高低、贵贱、上下，直接按照人们居住生活的方式进行动态传播。

4. 大众选择学说

大众选择学说是由美国社会学家赫伯特·布鲁默提出，认为现代流行不是人为的刻意因素，而是人们自发选择实现的。他通过观察发现，实际上不存在一定意义上的流行权威，流行的产生和传播是由消费者集团这个"看不见的手"的选择而发展的。为什么世界各地的服装设计师每年会不约而同地推行某几种风格，为什么订货会上购买方的选择会惊人的一致，这就是大众选择的秘密所在，反映出流行传播的心理和文化趋同。

二、流行传播的媒介

服装之所以能在不同的地域和不同的人身上有其特定的流行方式，是因为服装流行的传播所起的作用。传播是服装流行的重要手段和方式，如果没有传播就没有流行，也就不可能呈现出如此多样的着装风格。

1. 大众传播媒体

所谓大众传播媒体是指一些机构（服装设计研究中心、服装设计师协会、服装研究所等）通过传播媒介，向为数众多、各不相同而又分布广泛的公众传播服装的流行信息，使服装的流行传递给有关企业、个人，快速渗入大众生活中去。这种传播方式可以让更多的人关心和了解服装流行趋势的发展新变化。

2. 广告宣传

除了定期出版的刊物，各种海报、招贴、宣传画也是流行传播媒介。各大商场门前或外部都有巨幅的时装海报，而繁华街区的道路两边各种服装广告灯箱比比皆是，再如地铁站、公共汽车站、火车站或机场等地，也是绝佳的信息来源地。不同国籍、年龄与社会阶层的人在此交集，这些服装信息对他们都产生了或多或少的影响。在广告业发达的今天，对商品广告的整体策划，是宣传产品、树立企业形象的一个重要手段。从传播服装流行信息的角度来看，流行的主题是十分抽象的。而真正的趋势是要通过服装面料、款式、色彩来传达，让纺织厂、印染厂、成衣生产商和批发商根据这些流行趋势来组织生产，也让消费者知道下一季的新时尚，指导他们购买。德国依格多时装公司组办的CPD博览会是世界最大的服装博览会，其主题为CPD面料展以及形式多样的专题研讨会，给人们提供了众多真实的信息和指导性的帮助。这些研讨会采用先进的多媒体器材，有国际著名的流行趋势分析专家为听众提供最新的流行趋势，让参观商得以互换信息，共同获益。

3. 时装表演

服装流行作为一种社会文化现象，是通过具体的服装来展示文化的。时装表演是服装流行传播的手段之一，消费者通过观赏时装表演，能够对将要流行的服装趋势和特征有一种直观的了解，使服装流行的文化内涵与消费者的审美观念产生应有的共鸣。

（1）流行导向型表演

流行导向型表演是指每个流行期收集由高级时装店的设计师创作发表的作品发布会。这种发布会通常每年举行两次，每次都在巴黎、米兰、纽约、东京等地的T台上表演，汇集来自世界各地的著名设计师的新作，并通过成衣商、服装评论家、新闻记者等迅速向世界各地报道和传播，以形成新的服装流行趋势，同时又通过每年两次的成衣博览会，进一步推广和扩大服装的这种流行趋势。

（2）商业导向型表演

商业导向型表演原意是流行的展示或发布会，是以推销服装产品为目的举行的商业性的服装表演。其展示地点多在产品的销售现场或租用的场所，主要是将服装的造型特征、穿着对象及服用功能等，明确清晰地展示给消费者，以此来引起消费者的青睐，促进服装的流行与生产。

4. 名人效应

社会名流由于其显赫的社会地位使得人们对他们的着装打扮分外注意，他们在公众场合的打扮很容易起到广告宣传作用。从另一个角度讲，正因为他们是社会名流，出席各种社会活动的机会较多，为了尊重自己的崇拜者和追随者，他们需要用入时的服装来打扮自己，以求完美的形象，因此自然地成为服装流行的传播者和倡导者。具有个性的名流，经常会在流行界展示出非凡的影响力。如里根夫人钟情于红色系列，穿出了属于自己的风格；杰奎琳·肯尼迪最令人印象深刻的地方，就是其保守的工作服宽松长裤、衬衫和战壕外套；迈克·杰克逊这位天赋异禀的流行歌手，将世界观众的眼球吸引于他的流行手套、裸踝裤中。英国王妃戴安娜虽然已经去世，但她一直是世界上最受瞩目的女性之一，她的服饰也一直是电视、报刊以及街头巷尾、茶余饭后的话题。人们认为她的着装风格独具一格，不同凡响，世界各地都有她的崇拜者。

三、流行传播的推手

1. 设计师

设计师们经常会到博物馆、画廊或某个特色区域旅行，以获得灵感；设计师们也需要有好奇心以保持对新鲜事物的热情。设计师们创造着时尚，其表现的好坏取决于他们是否能正确地把握流行趋势，并创造出良好的销售业绩，所以更需要把握消费市场。设计师特别是成衣设计师，他们必须仔细观察目标消费者的生活习惯、生活方式、活动范围、兴趣爱好等，消费者身上常常也可以提供新的设计线索。设计师需要具有商业眼光，并有能力将时尚设计变成商业提案。他们是一个品牌的核心人物，他们的设计关系到整个品牌的命运。设计得不好，批发零售商或者代理商都会有埋怨，顾客会不接受，甚至会受到媒体的批评。

2. 记者

时尚记者与时尚编辑将流行趋势加以总结并进行推广。设计师、明星、名流等，每个人都是时尚记者与时尚编辑的观察对象，他们评论各种时装作品的优缺点，对明星们的装扮评头论足，借此引起消费者的关注。

时尚记者、时尚编辑与设计师的关系十分密切,各大时尚品牌将产品目录送给编辑,借此呈现出各季服饰的外貌。

3. 零售商

采购人员时下最时髦的称谓是"时尚买手"。时尚买手是连接产品、销售商和消费者之间的桥梁,是一个兼备创造性和理性的"双面人",是承接设计与销售的纽带。把握流行趋势和敏锐眼光是买手必备的素质,这将指导时尚买手去挑选最新款式的服饰,并展示给顾客。同时,买手也必须是一个组织者,是一个指导如何平衡收支、量化统计及选择购买时间的商家。

采购人员在流行的传播与应用过程中起着举足轻重的作用。在零售王国中,他们可以说是贵族。他们的权力来自他们手中的笔——大笔一挥,便可签下大量订单,并支持且延续了某种风格的继续流行。他们甚至会指导和规范设计师设计什么样的作品来迎合消费者的口味。

销售人员和制造商在监督着他们的行动,也会倾听他们的意见。他们定期到世界各地参观设计师们的时装发布会。在成千上万的作品中寻找中意款式,签下订单打入市场,或者和其他零售人员一样,带着各种笔记、录像带和幻灯片回到自己的公司,并理清设计师的主要和次要创作主题,然后找出自己的诉求重点,将这些产品打入市场。采购人员必须具备独到的流行预测眼光。因为零售业的风险很大,他们只有适时卖出符合流行趋势的服装才能获得利润。

他们在采购之前,会参考预测机构发布的流行信息、报刊给出的建议等多方面意见,再结合自己的专业知识与经验,精挑细选出符合自己公司风格的产品。他们的决定直接关系到产品的销路,继而影响到公司的运营。

4. 消费者

流行的动力就在消费者身上,设计师和业界人士只不过是根据消费者发出的讯息在做反应而已。流行预测专家的角色将越来越像实验室的科学研究者,他们不断地检视、探索、倾听与觉察消费者的需求和期望。现在的消费者是按照自己的意愿做选择,而不是被迫的。他们所需要的流行必须兼顾社会环境和个体需求,必须能够反映他们的生活。

流行预测是以消费者需求为前提的活动。通过预测可以确保生产的商品正是大众所需要的。在预测的过程中,了解消费者的需求是非常重要的,它是研究、报告以及执行推荐的依据所在。

当然,流行的推动是相辅相成的。消费者的需求是流行的动力,大规模的流行,还需要媒体大肆宣传,设计师竞相复制,卖场铺天盖地的贩卖。

第五节 • 流行报告

一、流行报告的内容

流行调查与分析的不同阶段，都需要针对不同的需要提交相关报告。根据目前国内服装产品的开发过程，流行报告大致分为两种，即反映市场的流行特点与流行程度的报告、产品开发报告。

① 调查主题，可以是关于区域的流行特点、色彩特点、色彩偏好或是面料的流行调查、风格款式、服装配件、相关品牌比较等。

② 调查目的，例如，区域流行特点的调查可能是为了某个新品牌的专利，亦可以是为了已有品牌的空间拓展等；有关色彩、面料的报告可以成为新一季的产品开发的依据。

③ 调查背景，调查区域人群、文化、经济等背景。

④ 调查地点，有针对性地选择地域、城市或特定地区，常常是特色地区和商业中心区。

⑤ 调查内容，具体的内容，包括对于调查问卷的整理归纳、访问、拍摄资料说明等。

⑥ 总结，为此次调查做出结论，提出建议。

二、产品开发过程的相关流行报告

报告通常包括以下几点。

1. 产品开发主体趋势报告

通过对国际趋势与国内形势的分析，确定目标。针对特定季节一般提前4～6个月。例如，某品牌某年三月、四月春季的产品，在头一年的十月便要写报告，同时在报告会上必须配合主体故事板进行汇报。

2. 产品市场反应以及与竞争品牌的比较报告

公司会要求专门的调查人员每周做出报告。随时报告同类风格品牌的新款式、色彩、价格、促销手段、市场反应等，及时调整对策。

3. 产品总结报告

对上一季产品从售卖策略、款式、色彩、价格、促销等做的全面总结，为新一季产品开发作准备。

三、我国流行报告的发布

我国纺织服装流行趋势研究、预测和发布于1985年开始，起步较欧美发达国家和地区晚。通过与国际一流的研究机构、信息机构和设计机构合作，并按照国际惯例和运作方式操作，在广大企业和设计人员的密切合作下，目前我国纺织服装流行趋势发布从内容到形式几乎是与国际同步的，基本上反映了现阶段国内纺织品市场流行的总体特征。流行趋势的公布在美化人民生活、指导生产、引导消费方面，有着十分现实的社会意义。

1. 中国服装协会

中国服装协会（China National Garment Association，CNGA）成立于1991年，以推动中国服装业健康发展为宗旨，为政府、行业、社会提供服装业相关的各种服务。协会组织的专业服装流行趋势研究和发布机构，结合国际服装趋势潮流，根据中国服装文化的特点，吸纳各种时尚元素，研究出引领服装色彩、款式、风格的流行元素，按每年"春夏、秋冬"两次发布有权威性的、贴近消费市场的流行趋势。

2. 中国国际服装服饰博览会

中国国际服装博览会（CHIC）由中国服装协会、中国国际贸易中心股份有限公司和中国国际贸易促进委员会和纺织行业会共同主办，创办于1993年，每年一届在北京举行。CHIC伴随着中国服装产业的发展而不断壮大，已成为亚洲地区最具有规模与影响力的服装专业展会。

第七章
互联网+服装价值创新全过程

第一节 · 互联网+服装产业价值创新路径

在全球新一轮科技革命和产业变革中，互联网与服装领域的融合发展具有广阔前景和无限潜力，已成为产业升级发展的方向，对服装产业发展产生战略性和全局性的影响。在互联网+背景下，服装产业在价值创造、价值实现以及价值传递各环节与互联网充分对接，实现设计生产模式、流通渠道直至全产业链的协同创新。

一、"互联网+"是服装产业转型升级的必然选择

中国宏观经济进入新常态阶段，经济增长由高速增长转为中高速增长；增长的形态表现为经济结构不断优化升级；增长的动力由要素驱动、投资驱动转向创新驱动。国家制定"互联网+"行动计划，基于经济新常态形势，旨在促进互联网与传统产业融合创新，促进移动互联技术、物联网、大数据和云计算与产品设计、生产、销售渠道的融合，促进产品设计、制造、销售和消费方式的根本性转变。

二、互联网+服装产业转型升级路径

服装产业链包括基础价值链、附加价值链和支撑体系三大部分。基础价值链包括市场研究、原材料开发供应、设计研发、产品生产、品牌运营、渠道销售六个一级产业链环节。附加价值链包括流行信息服务、服装传媒、服装展会、服装表演、教育培训、广告与公关代理、管理咨询七个产业链环节。支撑体系包括纺织机械、标准与检测、政策法规、物流、金融服务五个产业链环节。

在工业社会，服装产业转型升级路径一般是：由第一阶段的代加工生产

(OEM，original equipment manufacture）向第二阶段自主设计生产（ODM，original design manufacture）阶段升级，接着向第三阶段自有品牌生产（OBM，original brand manufacture）升级。目前，国内服装产业已经拥有自主设计能力，并孕育一批全国性和区域性品牌，基本完成由 OEM 到 ODM、OBM 的转型升级。互联网时代，服装产业的升级主要依托互联网技术与思维再造整个产业链，互联网技术对服装产业转型的渗透和改造逐渐深入，从简单到复杂，从企业外部活动深入企业内部流程，从传播、销售渠道等业务层面演进到整个供应链的整合与全程协同。

1.传播互联网化

传播互联网化是企业利用门户网、E-mail、搜索引擎、即时通信（IM）、网络论坛（BBS）、博客、百科、问答、社交网站、微博、微信等手段，组织各项广告、公共关系等传播活动，建立品牌知名度，提高销售额。

互联网时代，原先的金字塔式社会向体育场式社会转变，互联网思维重构形成。基于此，全媒体传播已经成为品牌传播的新常态。"全媒体"指媒介信息传播采用文字、声音、影像、动画、网页等多种媒体表现手段（多媒体），利用广播、电视、电影、报纸、杂志、网络等不同媒介形态，通过融合的广电网络、电信网络以及互联网络进行传播，最终实现用户多种终端均可完成信息的融合接收。

全媒体传播形态的特点包括：
① 综合运用多种信息手段。
② 全媒体是传统媒体与新媒体、大众媒体与个众媒体的有机结合。
③ 全媒体是各种媒体传播的全方位融合。
④ 全媒体能够兼顾信息的覆盖率和到达率。

全媒体能够将信息发送到任何需要的地方，也能够确保将信息发送给任何确定的单一受众。尤其在大数据的支持下，全媒体可以根据不同个体受众的个性化需求以及信息表现的侧重点来对采用的媒体形式进行选择和调整，提供细分定制服务。全媒体能够根据精准化需求和成本效益准则，整合运用各种表现形式和传播渠道，以求投入最小——传播最优——效果最好。

2.销售互联网化

电子商务方式日益成为服装产品重要的零售渠道，企业积极开展线上商务活动，利用综合类网络购物平台（如京东、当当、亚马逊、淘宝/天猫）、服装垂直电商网站、服装品牌企业官网商城进行线上销售。最终实现线上线下融合，即 O2O（Online to Offline）。

线上零售商发展的两大趋势：一是综合式电商继续扩充产品品类和品牌，提供一站式购物；二是平台与品牌商合作更为深入，平台式电商发展迅猛，而将面临更大成本以及引流压力的独立垂直电商,被迫放弃搭建自有平台,开始向品牌供应商转型,嫁接于京东、当当等平台电商,希望借助平台电商的庞大流量,降低成本,扩大销量。

由于实体零售和网络零售各具特色和优势,两者相互融合发展,形成O2O模式,实现线下体验线上购买。在流程再造的基础上,将实体销售和网络销售分工协作、融合打通,整合为统一的渠道。在这种安排下,实体店往往主要完成商品展示体验、试衣、定制、售后服务等功能,而商品信息传播、交易支付功能则更多通过网络平台实现。也可采用线上宣传引流,线上线下促销联动,线下实现交易等方法。

当前,服装企业O2O模式正处于探索阶段,优衣库、美邦、绫致服装等已开启O2O战略,开始打通线上线下的区隔。但是服装企业O2O战略实施依然处于探索阶段,面临诸多挑战:IT系统建设滞后,对线上线下资源整合能力弱;加盟商占比偏高,由于存在渠道冲突,加盟商对于O2O模式的实施持消极甚至抵制态度;供应链上下游缺乏协作等。

O2O模式对企业以互联网思维重塑销售渠道体系提出了更高要求。发展服装O2O,一是要有足够成熟的IT系统和强大的供应链管理体系,包括生产管理、订单管理、物流管理、员工管理,保证消费者良好的购物体验。二是要设计合理的销售激励机制,消除渠道冲突,促进线上线下合作,便于消费者获取商品信息,促进销售。

3. 设计互联网化

设计互联网化基于电子商务平台,构建服装产品的个性化设计研发,以实现大规模定制,即C2B以及F2C。

网络环境下,服装企业可通过网络实现产品开发团队内部信息共享和即时沟通,同时也可与消费者和供应商实现双向沟通,使消费者和供应商最大程度地参与服装产品开发。这样的开发团队组合可以保证产品的设计构思充分满足消费者需求,提高产品开发的成功率。企业在产品开发前先与消费者进行沟通,将消费者的需求放在产品开发的首位,提高了顾客忠诚度,使企业的市场竞争力得到加强。网络信息系统的信息平台能够将所有与新产品有关的知识进行有效的获取、处理、传递和应用,在整个企业内部快速共享产品数据和经营数据。互联网在服装产品开发中的应用为企业实现并行开发模式提供了有力保障。

4. 企业互联网化

企业以互联网思维再造价值链流程,最终实现全程协同的智能化价值创造过程。互联网的跨界融合正加速"微笑曲线"走向"全程协同"的进程。全程协同模式下,消费者体验式的参与颠覆了传统生产的垂直分工体系,企业、客户及各利益方可以互助式参与价值创造、传递、实现等环节，客户得到个性化产品、定制化服务，企业获取超额利润，构建平台型商业生态系统能力将成为企业核心竞争力。

第二节 · 互联网＋服装产品开发流程

一、互联网对服装产品开发的影响

1. 促进消费者参与产品开发

传统产品开发过程中，由于消费者与企业产品开发人员之间缺乏快速有效的沟通途径，消费者仅仅是产品测试者和使用者，在开发过程中处于被动状态，所起的作用十分有限。而在网络环境下，消费者可以通过网络平台主动参与产品开发。互联网的交互性使企业与消费者实现"一对一"的沟通，能在第一时间获取消费者的个性化需求信息，迅速掌握市场需求变化的动向，并及时将需求转化为产品开发创意，在短时间内设计出满足消费者需求的产品，提高消费者满意度和忠诚度。企业开发人员通过互联网与消费者进行双向沟通，使企业与消费者之间的关系发生改变，从"企业利用消费者信息"变为"企业与消费者共同创造信息"。消费者需求已经成为服装企业产品开发的关键，服装企业必须以消费者为导向，制订新的产品开发策略，满足消费者的时尚化和个性化需求。

2. 实现开发团队信息与知识的快速共享

传统环境下企业部门之间的沟通和信息交流比较困难，而且需要耗费很长时间，无法适应快速变化的市场需求。新产品的开发是一项系统工作，需要收集和分析多方面的信息，需要企划部、设计部、技术部、销售部、财务部等各部门人员的协作。在这一过程中，各方人员信息充分即时交流可以大大提高产品开发的财务可行性、市场适应性和技术可行性及领先性，节省开发时间和成本。互联网以及采用互联网技术的内联网和外联网为新产品开发过程中各部门人员之间的信息交流提供了极大便利，使同步开发更容易实现。利用网络的互联、信息共享、分布处理的特性，企业内部各部门结为整体的、动态的网络开发联盟，使得相关进程的节奏和灵活度大幅度提高，以适应复杂性、动态性、交互性的经营环境，更好地满足用户需求。团队成员之间可以及时地进行信息交流，防止信息滞留，从而缩短了信息沟通和交流所用的时间，确保及时作出相对正确的决策。开发团队人员将开发过程中的信息通过网络上传到公司内部平台，公司内部人员可随时上网查看信息，这样团队人员可以不受时间和空间的限制，及时了解产品开发进度，以便更好地安排下一步工作。在产品开发过程中的细节问题，每一步都会有明确的目标，团队通过网络实现信息和知识共享，可以合理安排产品开发进程，减少开发过程中不必要的支出，降低开发成本。

3. 企业实现信息化快速反应机制

由于服装产品具有流行性和季节性的特点，服装企业必须优化库存管理，实现信息的快速反馈，这样才能适应快速反应的市场需求，才能在激烈的市场竞争中取得优势。因此，进一步缩短服装企业对于市场需求变化的反应时间，建立服装企业的信息化快速反应机制已成为服装企业发展的必然要求。

产品开发中的信息是反映产品开发过程中各种活动内容的知识、资料、图像、数据的总称，它在产品开发各个环节中生成，又反过来控制整个产品开发过程的运行。信息在产品开发中起着非常重要的作用，贯穿于产品开发的全过程，是产品开发的有力保障。互联网的快速普及使信息的收集、传播和处理不再受时间和空间的制约，因此网络化环境下新产品开发获取的信息的准确性、个性化、实时性和互动性是传统环境下市场调查难以达到的。通过网络化信息系统，销售终端与企业总部即时相连，总部可随时获取每笔销售业务的反馈信息，及时了解服装的销售情况、库存情况和顾客需求等最新最准确的信息，然后根据市场需求做出科学的生产和营销策略。基于网络化的信息系统，企业最终实现最优的库存、最快的反应速度，同时还实现了资源的高度共享，提高了产品开发的效率。

4. 改变服装产品开发的组织模式

网络环境下，服装产品开发的组织模式从传统的线性和顺序的开发模式转化为环形的、并行的、交叉的快速开发模式。环形的、并行的、交叉的产品开发模式改变了传统的新产品开发顺序，重新整合产品开发团队各部门在新产品开发中的力量和作用，在产品开发前先由管理层从战略角度考虑项目的可行性，在产品开发过程中各个部门通过网络相互沟通、及时反馈，尽量减少产品开发的不确定因素，降低了产品开发过程中的风险。

并行开发模式源于"并行工程"这一概念，是指对产品开发的整个过程（包括从产品设计到产品上市销售的相关过程）进行综合考虑的一种集成方法，通过成立跨部门的开发团队，在产品开发初期就全面考虑产品生命周期中的所有影响因素，制订明确的规划，建立统一的开发模型，实现产品开发快速有序进行。并行开发模式可以有效地缩短产品开发周期，提高产品开发效率。产品并行开发模式开发前期就会对整个开发过程进行宏观指导，明确各个开发环节的目标、时间安排以及开发人员各自的任务，使开发团队明确目标，快速高效地进行开发。

传统的产品开发模式下，开发环节是一个接一个顺序完成的，本环节的工作完成才能进行下一个环节,如果到最后顾客对开发的产品款式不满意,就需要反馈到开发团队进行相应的修改。这种方式信息反馈不及时,很容易造成大返工,延长了产品开发的周期。而并行产品开发模式强调产品开发各个相关阶段及时进行信息反馈,各部门通过网络平台随时保持沟通,使开发各个环节保持高效同步进行。在并行产品开发过程中,各部门都进行信息反馈,将产品开发过程中的大循环变为一个个小循环。人们在进行产品开发前就要充分考虑接下来的开发工作是否可以实现,对设计产品的整体有所规划。在工作过程中保持各个部门信息流通和知识共享,随时反馈问题,提高开发团队的工作效率。

二、网上产品开发模式的创新

随着互联网的快速发展,消费者追求个性化消费的趋势越来越明显,企业的营销观念也逐渐发生改变,从传统的以"产品为中心"变为以"消费者为中心"。基于互联网能快速聚集消费者需求,很多企业开始尝试新的以消费者为导向的C2B商业模式——网上预售和网络定制。网上预售是企业通过前期数据分析或调研,提前生产成品或半成品在网上销售,根据订单安排生产和发货,以降低库存,让消费者拿到更高性价比的产品;而网络定制则是企业提供模块化的维度供消费者选择,满足个性化需求,然后根据成本安排生产。这两种模式的优势在于,可以根据消费者需求进行产品的精准开发。企业通过网络平台聚集海量用户的个性化需求,形成一个强大的采购集团,使消费者获得高性价比或个性化定制的产品;同时,消费者的参与和互动,有助于企业设计和开发产品,合理安排生产,实现以销定产,解决销后库存后顾之忧。

这种消费者决定生产的C2B模式有助于服装企业精准地锁定消费者,优化产品开发流程,有效管理上下游供应链,有效降低服装企业产品开发的生产成本、流通成本、库存成本,通过减少不必要的环节,缩短产品开发周期,为企业提前抢占了市场。同时,基于网络平台,消费者主动参与产品设计、生产和定价,与服装企业实现双向沟通和互动,能更好地满足消费者个性化和多样化的消费需求。这种模式实现了消费者和商家的双赢,未来或许会成为电子商务的发展趋势。

1. 网上预售模式

所谓网上预售模式,就是借助互联网,在短时间内快速聚集单个分散的消费需求信息,为企业提供一个集采大订单,企业根据订单情况,可从供应链的后端、中端或前端进行优化,更加精准地锁定消费者需求,根据消费者的预购情况,按需生产,从而有效地控制库存周转,使产品开发的生产成本、流通成本、库存成本和交易成本大幅度降低,既为消费者提供了低价优质的产品,也为商家获取了更多的利润。简而言之,网上预售模式就是先有销售订单和订金,然后组织开发生产。

(1) 网上预售模式的优势

采用网上预售模式的产品主要有三类：新品、畅销品、半成品。新品预售通常是企业将生产出来的新品拿出一部分进行预售，根据消费市场的反应进行合理的大规模生产；畅销品预售一般是根据市场反馈，将畅销的产品采用预售方式进行销售，有利于厂家掌握消费者的偏好和需求量，从而降低了库存成本，既保证了产品的质量，又能满足消费者对价格的期望；半成品预售是企业在产品未完全开发出来时，提供产品大致开发理念和方向，最后产品的定型、定款、定料、定价都根据消费者的意见来决定，因此产品往往能得到消费者的认可。

(2) 传统模式与网上预售模式的比较

传统环境下，服装企业开发团队在完成产品款式设计后，通过订货会来决定订货量，再根据订货会的订单组织生产。由于市场信息预测与实际需求的偏差，往往导致库存积压。而网络环境下预售模式使服装企业迅速响应市场需求，企业在新产品大规模上市前，通过互联网准确了解目标市场，快速聚合分散的消费者需求，按消费者订单来开展生产环节。这种网上预售模式降低了产品开发的生产成本、流通成本、库存成本，通过减少不必要的环节，缩短产品开发周期，为企业提前抢占了市场。现在越来越多的服装企业想将预售模式应用到线下渠道，在推出线下主款前，先通过线上预售测试消费者反应。

2. 网络定制模式

网络定制模式是以互联网为平台，企业直接通过网络信息技术即时获取消费者需求从而快速做出反应，来满足客户需求的经营模式。网络定制作为一种全新的营销方式，结合了消费者的个性化需求和网络时代的数字化生活方式，打破了传统的供求关系。在网络环境下，基于互联网能快速聚合消费需求的优势，服装企业从总体上可发挥规模效应，降低定制服务的成本，让定制服务成为大众可选择的一种消费方式。

第三节 • 全程协同的服装智能制造

一、工业4.0

1. 工业4.0进化历程

工业1.0：始于18世纪末的英国，这次工业革命的结果是机械生产代替了手工劳动，经济社会从以农业、手工业为基础转型到工业以及机械制造带动经济发展的模式。

工业2.0：发生在20世纪初期，形成流水线生产的阶段。通过零部件生产与产品装配的成功分离，开创了产品批量生产的新模式。20世纪70年代以后，随着工业过程中应用了电子工程和信息技术，实现生产的最优化和自动化。

工业3.0：第三次工业革命过程中，生产过程的高度自动化，自此，机电一体化逐渐代替人类作业。

工业4.0：第四次工业革命将逐步进入"分布式"生产的新时代，数字化、智能化是其主要特征，工业4.0通过网络技术、信息技术和制造业深度融合，实现实时管理。

2. 工业4.0成各发达国家关注焦点

2014年以来工业4.0持续成为各国关注的焦点。发达国家推出一系列振兴制造业的战略举措，如美国的先进制造业国家战略计划、德国工业4.0战略、日本的制造业竞争策略、英国工业2050战略等。再工业化不是简单的制造业回归，而是对制造业产业链的重构，其重点是对高端和高附加值环节的再造，进而影响全球产业地域布局。

工业4.0是德国政府《高技术战略2020》确定的项目之一，并已上升为国家战略，旨在支持工业领域新一代革命性技术的研发与创新。建设包括分布能源系统、物联网、工业互联网等的全新工业基础设施体系，进一步降低发达国家制造业配套成本，形成快速反应能力，并催生新产业、新业态。美国纺织服装行业就业人数下降速度逐渐企稳，投资出现正增长，企业产值也不断增长。

3. 国家战略高度的"中国制造2025"规划

随着人口红利的消失，劳动力供给减少、人工成本上升和新一代劳动力制造业就业意愿的下降，我国制造业的国际竞争力有所下降。"中国制造2025"是工业4.0的中国战略，是中国制造业未来10年设计顶层规划和路线图。"中国制造2025"应对新一轮科技革命和产业变革，立足我国转变经济发展方式实际需要，围绕创新驱动、智能转型、强化基础、绿色发展、人才为本等关键环节以及先进制造、高端装备等重点领域，提出了加快制造业转型升级、提升增效的重大战略任务和重大政策举措，力争到2025年从制造大国迈入制造强国行列。

"中国制造2025"旨在支持工业领域新一代革命性技术的研发与创新，强调"智能制造"，在生产要素高度灵活配置条件下大规模生产高度个性化产品，因此数字技术在其中至关重要，物联网、数据网等将成为未来工业的基础。新的"智造时代"将带来我国制造业的"新生"，一大批国内制造业公司将积极探索转型升级，新的"智造时代"将会给企业带来新的投资机会。

二、互联网＋服装全程协同

1. 变革生产模式，实现智能制造

作为世界服装产业的大本营，中国正处在一个大变革的时代，内部面临着人口红利消退、人口老龄化、生产成本高、市场个性化需求突出等挑战，外围又有东南亚国家、欧美国家的竞争和市场侵占。当前个性化、快时尚、小批量、多品种、短交期已成为市场主流，要保持中国服装产业的优势，如何建立快速反应的供应链系统，实现生产流程的数字化、智能化、网络化成为企业转型升级的关键。

生产模式的变革是基础。企业可以通过使用自动化程度更高的生产设备，使用智能生产线和智能柔性生产管理系统，实现以组为单位的智能化生产管理。智能技术能消除人为因素的不确定性，实现供应链一体化的智能管理和各环节无缝衔接，实时、准确地掌握生产信息与数据。

随着工业 4.0 的到来，基于物联网技术的云制造平台的运用，服装产业将发生由传统劳动密集型向技术、资本密集型的变化。中国服装企业应重视科技界三种飞速发展的技术——"人工智能、机器人和数字制造"，这将重新构筑制造业的竞争格局。"人工智能技术"今后将会进入制造业，辅助人们进行设计、测试和制造，这将使制造业的大规模定制成为可能；"机器人技术"将在人工成本和易操作性方面产生革命性影响，机器人不用睡觉，不用休假，也不会要求加薪，美国的机器人也许不久就将与中国的劳动力直接展开竞争；"数字制造技术"是指一系列的技术能力，包括对新产品进行构思、利用模拟器进行测试的能力；如果将人工智能、机器人和数字制造技术综合集成应用于制造业，那将绝对是一场真正意义上的"制造业革命"。

2. 借助互联网平台，创新经营模式

发达国家的电子商务 B2B 交易量占全球电子商务交易量的 95％，在全球服装领域，跨国公司、批发零售商也已普遍应用电子商务。工业 4.0 时代，消费者可以直接参与产品设计、原料配制、订货计划、生产制造、物流配送甚至回收利用的各个阶段，通过物联网和制造业的融合使生产个性化、小批量产品具有盈利可行性。

在这种模式中，消费者与制造商直接对接，消费者在平台上表达自己的要求，制造商来满足其诉求，这就彻底取消了中间环节。C2M 平台实际上是系统性思维，包括前台的市场拓展系统、后台保障系统以及中间的大客户系统，这是一个完整的价值链。可以说，红领集团现在做的是用互联网思维搭建一个公共定制平台，把工厂变成数字化的形式，所有工人都在互联网的端点上工作，干什么、怎么干，都是终端的客户提供的信息,进而实现顾客化定制。

3. 实现全产业链的协同创新

引进、消化、吸收的跟随型研发模式已不能满足服装业对原创性研发的需求,要提高研发投入强度,扩大研发队伍规模,完善研发创新机制体制,利用先进的信息技术,使设计研发、生产制造和终端消费紧密衔接,实现全产业链的协同创新以提高研发效率和效果。基于"互联网+"思想,开发应用于服装产业的工业商业一体化全新商业模式,使消费者和整个产业链上的各环节实现协调统一,包括标准管理、动态定价、服务水平协议、碳排放量等关键内容,并通过先进的传感、通信等信息技术保障优质的下游服务。

(1)互联网+服装生产制造

建立快速反应的供应链系统,实现生产流程的数字化、智能化、网络化;实时掌握客户关于产品面料、款型、花色等方面需求,实现服装产品的按需研发设计与加工生产。发展服装行业柔性生产方式和智能制造的生产模式。加强服装企业与自动控制系统、能源系统、质量保障系统相关企业的合作,对生产过程进行智能化改造,建设智能化生产线,实现能力升级。

(2)互联网+服装营销

基于全媒体策略,推进品牌传播场景化、数据化、内容化、社群化发展。加快电子商务交易平台建设,融合线上线下,构建协作高效的一体化渠道系统。提高网上交易、信用支付、物流配送等服务水平。推动跨境电子商务发展,结合大数据营销,推动跨境电子商务精准化发展。

(3)互联网+服装物流

开展基于互联网的在线交易、结算支付、物流配送以及物流保险、物流金融等新形式物流服务。服装企业与物流企业合作创立互联网物流体系,建立订单驱动物流流程,管理原材料与产成品的库存与实时配送,保障配送及时、准确,减少库存浪费。

(4)互联网+服装质量追溯

建立基于物联网等技术的服装溯源系统,实时追踪产品存量、在途货品、价格信息、分销网络,实现产品全过程追本溯源,从生产流通到消费全程监控和追溯,并可进行品牌产品的安全防伪。建立监测与风险预警网络平台,推动服装质量监管。运用大数据信息分析质量问题,定期在线发布质量信用信息;网上曝光质量黑名单,对行业和区域质量安全进行网络预警;逐步建立质量标准网上公示与鉴证制度。

(5)互联网+服装售后服务

高端服装品牌可以与专业清洗企业开展合作,为产品提供高质量的清洗、保养等售后服务。

基于互联网下的智能制造有以下几种形态：制造业供应链管理，生产工艺过程优化，泛在感知网络技术，虚拟现实技术，人机交互技术，空间协同技术，平行管理技术，电子商务技术，系统集成制造技术。在以上形态上，企业建立一个高度灵活的个性化和数字化的产品与服务的生产模式，以此推进传统企业的生产技术改革。通过充分利用通信技术和网络空间虚拟系统相结合的手段，推进信息技术与制造业深度融合，促使工业领域的设备、生产与系统以网络化的形式向互联网迈进，制造业向智能化转型，它使人与人、人与机器、机器与机器以及服务与服务之间能够互联互通，实现横向、纵向的全价值链集成。

创造新价值的过程正在发生改变，产业链分工将被重组。"互联网＋"战略基于互联网＋思维，开发应用于服装企业的工商业一体化全新模式，使整个产业链上的各环节实现协调统一。今后需要集中全行业力量在规划发展模型、搭建网络基础、设计组织结构、建立行业标准、培育适用人才等方面，积极开展前瞻性、基础性研究，加快服装产业在工业4.0愿景下健康发展。

第八章
服装销售管理

第一节 • 服装零售业态

服装零售业态的变化主要表现在零售规模、经营品种、零售渠道、目标顾客及营销组合等方面的变化。尽管服装零售的形式有很多种,但从性质上可以将其分为店铺零售和非店铺零售。

一、店铺零售

1. 专卖店

专卖店是最早的服装零售形式,是专门经营某一类商品(如特体服装、鞋、珠宝)或彼此有关联的几类商品的零售形式。这类商店只容纳有限的几条产品线,如男装、女装或童装及配饰专卖店、鞋店、内衣店等,但花色品种较多,且各种花色的数量少。专卖店主要是取悦一部分特定的目标消费者,为他们提供独特的商品和服务,满足他们特殊的需要。专卖店选择的货品和店面设计往往会使这些目标消费者感到是专门为他们设计的。专卖店又可分为几种类型:百货专卖店,是指专门经营多类服装的大型专卖店;小型专卖店,是指一些私人或合伙经营的规模较小的专卖店,这类商店的数量比前一类型的专卖店要多,但销售量却不一定大;专卖店的顶级形式是精品屋,它所针对的顾客群的范围更小,一般经营时尚性、个性强的服装商品,一些著名设计师的高级成衣品牌都是通过精品屋出售的。

2. 百货商店

百货商店是一个规模较大的零售体,经营多条商品线,为消费者提供一个"一次性购物"的场所。百货商店的最大特点就是以商品品种的深度和广度以及商店的设施、陈列、广告宣传来吸引顾客。百货商店包括很多部门，如休闲装部、裙装部、男装部等。彼此相关联的商品被划归到同一部门，以便于统一采购、促销、服务和控制。百货商店是服装零售的最主要业态之一，如美国商业部在对百货商店的规定中就包括："服装和纺织品的销售量应在20%或以上"。

  百货商店的产品策略和采购模式：通常，在一个规模非常大的百货商店，各部门还要进行细分，每个采购员只负责为某一个小部门采购货品，并对其经营利润负责。比如说，在休闲装部，由一个采购员采购衬衫，一个采购员采购裤子，一个采购员采购裙子等。大多数百货商店都有一个总店，并且有很多分店。采购员可以同时为总店和分店进行采购，如果分店离总店的位置太远，则可由分店的采购员自己负责采购。

3. 折扣店

  折扣店是指以低于一般市场价出售商品的零售形式。其通常采取低毛利率、大量销售的策略。降低成本的主要方法是低租金，装修简单，在退换、送货上门等方面不提供或提供有限的服务，几乎没有广告和促销等。折扣店包括普通折扣店、优惠店、仓储式折扣店和工厂通道等。

4. 生产者自设专卖店

  20世纪80年代以后，一些服装设计师与生产商仍然只选用零售商销售他们的产品，但也有一些生产者选择在购物中心开设的以服务为导向的、价格固定的零售店。

  为了避免与其传统的零售渠道产生利益冲突，生产者专卖店选址通常要远离其传统的零售渠道，不与这些传统的零售商进行竞争。此外，有些生产企业自设零售机构，以较低价格经销他们的剩余产品及尾数产品，而不是将这些产品处理给低价零售商。

5. 跳蚤市场

  传统的零售商需要一大笔投资取得一个能够长久发展的位置，而跳蚤市场给个人一个销售商品的机会，不必太多的投资。跳蚤市场通常开设在公众娱乐场所，如露天电影院、运动场、戏院、百货店等，当这些地方荒废或停止营业时，就可作为跳蚤市场。有些地方还开设灯光夜市场，为一些失业人员创造就业的机会，也属于这种类型的市场。由于受气候条件限制，这种经营方式往往是断续的而不是固定的。跳蚤市场给个人提供了自我发展的机会。许多人在维持一个稳定工作的同时，为了增加收入而兼做跳蚤市场的生意。一般在50公里的范围内，可开设20多个这样的跳蚤市场。一些经营者甚至开设了小型便利连锁店。跳蚤市场的经营者提供的商品包括服装、鞋、配件等，卖点是价格便宜。其之所以可以大幅折价，主要是管理费用较低。

6. 连锁经营

严格地说，连锁店不是一种零售经营形态，而是一种零售组织形式。它是由一系列（两个或两个以上）的商店组成，同受一个中心管理和控制，统筹进货，在店堂、经营品种和服务方式等方面都基本相同。连锁组织的优点主要来自大批量采购，因为每次采购的商品数量大，零售商因此可降低成本。连锁店作为一种先进的经营方式，其本质是把现代大工业生产的原理应用于零售业，实现了商业活动的标准化、专业化和统一化，从而达到了提高规模效益的目的。

服装连锁店是指在若干地区、以复制的方式建立的、经营模式相同的若干服装零售店。服装连锁店有以下三种基本的形式。

一是自营连锁店。指所有的连锁店由品牌经营者独资经营，如早期的真维斯服装连锁店。由于自我连锁店一体化程度较高，特别是零售网络构建需要巨大的资金投入，这种形式在我国服装零售市场中应用较少。

二是特许经营的连锁店。指品牌所有者以特许的方式，吸引许多加盟者建立服装零售店，如佐丹奴。由于特许经营将品牌经营与商品零售分开，品牌经营者的投入相对较少，而大量的加盟商能快速建立起较宽的零售网，这种形式在我国服装零售市场中被广泛地应用。特许经营的优势在于它能为那些没有或少有服装零售经验但又想进入这一领域的投资者提供一个好的投资平台。实际上特许经营是让那些愿意加盟的投资者去投资某一服装品牌公司已建立起来的商誉，由于特许经营者向其加盟者提供诸如品牌、商誉、消费者认知等方面的优势，他们不会遇到起步时的一些普遍性问题，如选址、定价、员工培训等。如果一个人选择建立一个新的零售企业，其风险会远大过加盟一个特许经营商。

特许经营有两种类型的组织形式。一种是支付加盟费，以取得经营权的特许经营；另一种是不需要支付加盟费的特许经营方式。然而对这两种方式的管理控制方面，都要求特定数量的投入资本，才可能被特许经营者所接受，而且都要签订严格限制的合同，包括采购需要、公司政策、特许者作为公司决策主体的权利等。这种零售经营方式给个人提供了加入一个成熟团队的机会，但也会使企业的扩张受到限制，个人的创造性也会受到限制。传统的零售商如果经营成功了，他可以考虑扩张开新的店，建立连锁店，但在特许经营下扩张必须得到特许者同意并交纳额外的费用。

三是特价服装连锁店。前两种服装连锁店均是品牌连锁店，其经营的基础是品牌优势供销售某一品牌的系列服装，而低价服装连锁店的经营基础是价格优势而不是品牌优势，不管是什么品牌的服装，只要能满足目标消费者的需要并存在价格优势，就可作为采购对象。因此这类服装连锁店为一些品质较高的新品牌服装提供了销售渠道，并成为了那些非品牌的、理性的服装消费者经常惠顾的地方。

7. 多元化的服装零售

不同的服装零售类型都有其特定的细分市场，目标顾客也愿意为获得这些细分市场所提供的产品或服务而付款，但由于服装零售市场的激烈竞争以及顾客消费越来越个性化，使原有的细分市场空间越来越小，为了取得更多的市场份额，越来越多的服装公司开始采用差异化定位开设多样化的零售店，以获取较宽的销售渠道和更多的市场机会。真维斯是一家经营休闲服的著名服装公司，其早期采用了自我连锁的经营模式成功进入了我国主要大型城市的休闲服市场，并在市场中形成了品牌声誉之后，又用店中店的零售模式进一步扩大主要大型城市的零售市场份额，后来又采用了特许经营的零售模式，进一步开拓三级城市的服装零售市场。为了扩大其在三级城市的影响力，真维斯也尝试引进地区经销商，对三级城市的服装零售进行统一规划、控制和管理。为了及时处理存货，该公司还开设了一些超值服装店。为了获取不同细分市场的顾客，该公司又在品牌开发上加大投入，先后购买了其他几个品牌。可以说真维斯在服装零售市场的成功取决于其多元化的零售渠道、多元化的服装品牌及其强大的资本实力。

8. 时装中心与零售商

时装中心通常设在高档服装零售店、品牌服装生产商聚集的地方。时装中心作为消费者、零售商、设计师、生产者之间进行高效沟通的场所，受到商家、投资者、品牌经营者的高度重视，并成为一些地方经济建设的特色与支柱。世界上许多服装零售商通过在知名度高的世界时装中心，如伦敦、巴黎或其他一些服装中心经营他们的产品而出名，并取得了国际声誉。因此一些知名的服装零售商通常会在时装中心开设他们的旗舰店或分店以提高他们的声誉。一些知名的服装品牌也十分重视他们的原产地，通常这些服装品牌公司会将其总部设在时装中心，或在时装中心开设常驻机构，一方面可提高消费者的信心，另一方面也可及时获得服装市场的最新信息。

为了提高我国服装业在世界市场中的地位，有关部门加大了服装业的宣传与推广，其中之一是通过一些区域性的时装博览会建立区域性的时装中心，如北京、上海、广州、大连、虎门等地成功举办了多次世界性的博览会，使这些地区成为知名度较高的时装中心，充分发挥了这些时装中心的名牌聚集功能，促进了我国服装零售业的发展。

二、非店铺零售

非店铺零售指的是通过直销、电子零售、目录或邮购零售出售商品和服务的零售形式。这种零售形式的好处就是可以避免商店的建筑、设施、货品的展示空间或陈列空间带来的高额管理费用。

目录零售也称邮购零售，是指由零售商向消费者提供所出售的商品目录和图片，消费者通过电话、邮政等方式订购商品，零售商再将商品邮递直接送至消费者手中的一种零售形式。

一些邮购零售公司完全通过目录销售，也有一些零售公司兼顾经营零售店。有的公司的邮购目录就像一个大的百货商店，品种繁多；有的就像一个专卖店，只经营服装。邮购零售较受职业妇女的青睐，它提供免费的购物电话和随时的订货服务，可以节省购物时间。各种信用卡的准许使用以及无条件退货的经营方式使邮购零售获得了巨大成功（特别是20世纪80年代以来）。邮购零售的成功又吸引了很多百货商店和专卖店也增加了此项业务和服务，使这些商店扩大了市场份额。

第二节 • 服装销售渠道设计

在现代市场经济条件下，服装生产者与消费者在时间、地点、数量、品种、信息、产品估价和所有权等多方面存在着差异和矛盾。服装企业必须通过科学有效的销售渠道，才能克服生产者与消费者之间的分离和矛盾，实现服装产品从生产者向消费者的转移。

一、影响渠道设计的因素

在服装渠道设计过程中，限制渠道选择的影响因素很多，其中最主要的有产品因素、市场因素、企业自身因素和中间商因素等。服装企业在渠道设计过程中应当对上述因素进行深入分析和研究。

1. 产品因素

产品因素所涉及的内容主要包括服装品牌定位及产品档次、产品设计特点、销售服务要求等。

（1）品牌定位及产品档次

作为企业的重要组成部分，营销网络既是服装品牌进入消费市场的重要通道，又要根据品牌定位选择销售渠道、确定网络终端服务目标、有效维护品牌形象。

一般而言，服装品牌的定位及产品档次越高，销售线路就越短；反之，档次越低，销售线路越长。例如，高级时装通常在设计师自有的高级时装品牌专卖店里销售，而普通的大众服装则会经过较多的中间销售环节。这是因为高档服装品牌单件产品价值较高，更强调品牌形象的塑造和优质服务的提供，因此多选择短渠道；而低档服装生产商无法为成千上万个小额定货提供包装、开票和送货等琐碎服务，通过中间商则可以大大简化销售业务。

（2）产品设计特点

一般而言，服装产品的流行性越强，设计风格越独特，销售线路就越短；反之，销售线路越长。

（3）销售服务要求

一般而言，服装产品的销售服务要求越多，销售线路就越短；反之，销售线路越长。例如，高级时装是为顾客立体裁剪、手工缝制、量身定做的，因此通常是在兼具了设计、制作、销售等功能的高级时装品牌专卖店里销售。在那里，工作人员要了解顾客需要，包括款式、颜色、材料等，并为顾客测量尺寸，然后设计、制作并进行必要的修改。

2. 市场因素

市场因素主要需要考虑潜在消费者的分布状况、消费者的服装购买习惯和市场竞争状况等。如果消费者数量多而集中，例如只集中在某一个或几个地区，则可采用较为集中的销售渠道；消费者多而分散，则需要较多的流通环节。对服装企业而言，了解和分析目标消费者喜欢在何时、何地、如何购买，对于合理设计销售渠道特别是终端网点的设置具有重要作用。

市场竞争状况对销售渠道设计的影响也不可小视。服装企业可以与竞争对手在相同的渠道上竞争，也可以另辟渠道，但开辟新的渠道必须以充分掌握目标消费者的购买习惯为前提，否则就可能失去应有的消费群体。

3. 企业自身因素

企业自身因素主要包括服装企业的规模和信誉、管理能力、控制渠道的意愿、提供服务的能力等方面。资金雄厚、规模较大、信誉好的服装企业可以组织自己的销售队伍，这样既可以与消费者加强联系，又可以减少支付给中间商的费用。一般而言，直接销售渠道的成本较低，但销售效率也较低。由于目前国内大多服装企业的市场运作经验比较欠缺，管理能力较弱，通过直接渠道销售产品往往心有余而力不足，因此间接渠道目前被多数服装企业所采用。

4. 中间商因素

中间商因素主要考察中间商的目标市场接近程度、运输和储存能力、对本企业产品的销售政策、提供服务的能力、信誉、财力和管理能力等。

二、分析顾客服务需求

从某种意义上说，任何渠道都可以把产品传递给顾客，但不同渠道所耗费的资源和销售效果可能存在很大差异。服装企业的销售渠道看起来并不复杂，所采用的渠道模式无外乎特许连锁加盟、批发市场批发、总代理、自营专柜或专卖店、直销等几种。但就是这些看似简单的渠道模式，却让众多服装企业颇费踌躇，更有一些成长中的中小服装企业因为渠道弊病而中途夭折。

服装销售渠道的设计受企业、产品、客户、环境、竞争者、中间商等因素影响，通过考虑上述各项影响因素，服装企业可规划一些可能的销售渠道方案。在选择最佳销售渠道时，企业必须和既有的销售渠道及竞争者目前使用的销售渠道进行比较评价。评价时最好能确定评价目标，如销售渠道的营运成本、企业对销售渠道的控制能力、能获得多少竞争优势以及现有销售渠道的整合程度等。

企业首先必须了解顾客购买服装产品的种类、购买时间、购买原因、购买时所期望的服务水平。比如，通常顾客希望购买等待的时间越短越好；在购买名牌服装时愿意去专卖店；对一般用品如袜鞋等则习惯去百货店或超市购买。

三、建立渠道目标

销售渠道的目标必须与企业目标及市场目标保持一致，这是毋庸置疑的。设计或变革销售渠道的目标如下。

1. 提高渗透率

例如，将经销商数量由现有的 100 家扩充为 150 家。

2. 开辟新的销售渠道

当企业开发出新产品时，可能需要通过新的销售渠道进行销售。例如，某服装品牌原来的服装产品主要通过专卖店销售；而当该企业进行品牌延伸推出化妆品时，百货商店便是一种新销售渠道的选择。

3. 设定各种销售渠道的销货比率组合

企业可依据各种销售渠道的获得状况、政策需要、竞争策略等，来设定销货比率组合目标，如百货商店 35%、专卖店 45%、特殊渠道（如网上销售）20%。

4. 提高销售点的销售周转率

提高销售点的销售周转率是极具挑战性的工作，也是企业提高经营效率的重要目标。它通过提高商品信息回馈的速度和正确性来及时配送消费者所需要的商品。

5. 设定物流成本及服务品质目标

财务人员往往强调降低物流成本，但是企业决不能一味地降低物流成本而忽视了顾客满意度。因此，设定服务品质目标也是销售渠道的一项重要目标。

6. 设定不同销售渠道的利润目标

当企业对销售渠道进行成本评价时，评价标准不是渠道能否带来较高的销售额或较低的成本费用，而是渠道能否实现利润最大化。因此，企业通常还会为不同的销售渠道分别设置利润目标，以利于评估各渠道的分销效率和绩效。

以上介绍了几种常见的渠道设计目标。由于客观条件的限制以及目标之间存在的矛盾冲突，企业在选择渠道结构时，应当根据实际情况将企业目标按照重要程度由大到小进行排列，然后再选择对应的渠道结构，以保证企业目标的实现。

四、分析目前的渠道

1. 掌握业界采用的一般销售渠道

掌握业界采用的销售渠道可从三方面进行分析。
（1）销售渠道方式
考察业界是采用直营式营销，还是采用重点地区直营、其他地区经销、独家代理、选择性分销或经过特殊的销售渠道。
（2）评估地区的涵盖率
评估业界在各地区的涵盖率。
（3）评估各销售渠道的实力
包括各个销售渠道网点中人员的数量与素质、坐落的地点、渠道忠诚度等。

2. 目前销售渠道的问题

销售渠道的形成是靠长期互利的关系建立起来的，对一些多层级且数量众多的经销商、区域代理等中间商，服装企业往往不易控制，可能会导致冲突与问题的产生。因此明确目前销售渠道的问题是拟订销售渠道策略的一项重要内容。销售渠道的问题大致有以下两类。
（1）企业与经销商间的冲突
企业与经销商间的冲突，如服装生产商抱怨批发商销售太多的品牌，无法做好市场信息的回馈；而经销商则抱怨利润低、价格混乱和生产商直接开设零售店等。

（2）经销商与经销商间的冲突

经销商与经销商间的冲突，如经销商之间争夺客户、破坏价格和跨区销售等，都是经常发生的情况。

五、确定渠道成员类型

服装产品的销售渠道成员是指将服装产品和相应服务（如定制、专业选购咨询、干洗等）向最终消费者转移时所涉及的一系列相互依存的组织或个人，如批发商、代理商、零售商、辅助服务商（如物流服务提供商、提供专业干洗服务的战略伙伴）等。

渠道成员是介于制造商和消费者之间的中介，如果选择和管理不当，这些中介就会妨碍制造商和消费者的接触。但是，由于许多服装制造商缺乏进行直接营销的资源和经验，而且服装消费需求差异性大，利用渠道成员往往能更有效地接触消费者，所以多数服装企业还是愿意放弃大部分的销售控制权而把产品和服务交由渠道成员来掌控。在这种情况下，服装企业首先面临的渠道设计决策就是确定渠道成员的类型。

六、确定渠道层级长度

这是对服装销售渠道结构的纵向分析。按照渠道层级的不同，可以将服装销售渠道大致分为零级渠道（也叫直接销售渠道）、一级渠道、二级渠道和三级渠道。尽管理论上可以分为更多渠道层级，但在现实中不多见，意义也不大，因此不予考虑。通常将零级渠道、一级渠道统称为短渠道或扁平渠道，将三级或更长层级的渠道称为传统的长渠道。

1. 扁平渠道

零级渠道、一级渠道通常被称为短渠道或扁平渠道。一般说来，扁平渠道具有以下优点：信息沟通顺畅，信息流通速度快且失真小；制造商能更好地掌控市场，对于制造商的长远发展有很大好处；中间渠道加价少，产品价格更有竞争力。

扁平渠道的缺点主要有：容易导致制造商营销机构膨胀，加大管理难度；制造商为了实现渠道扁平化，不得不直接设立庞杂的办事机构，往往导致较高的销售成本。

实施渠道扁平化最根本的目标就是缩短服装制造商和消费者的距离，使制造商能更好地把握和掌控市场。但是只有当服装制造企业具备以下部分或全部条件时，才更适合选择扁平销售渠道；服装制造商具有较强的企业实力和营销管理能力，因为渠道扁平化容易导致驻外营销机构的增加，不仅增大了企业的投入，也使企业的管理和激励任务变得更复杂，并且扁平渠道还要求制造商在执行渠道功能时能达到与专业批发商、零售商一样的高效率；服装制造商的目标市场为一、二级市场（一般将省会及大中城市定为一级市场，地区级中等城市定为二级市场，县、乡镇农村市场分别定为三、四级市场），渠道成员分布地域相对集中；区域内市场潜力或现有销售量很大，能够分散因渠道扁平化而引发的成本增加。

2. 传统长渠道

通常将三级或更长层级的渠道称为传统的长渠道。长渠道与扁平渠道的优缺点正好相反。长渠道一般都具备高度渠道专业化和广泛地理覆盖等特征，使得制造商能够面对大量分散的消费者；渠道中每一个独立的渠道成员都承担着各自的渠道职责，使得企业在资金及人力资源方面的压力得以减轻。不过，随着渠道长度的增加，制造商对销售终端的零售价格、卖场环境、顾客服务质量、市场信息等的控制能力也会越来越弱。

长渠道的适应性既与产品、品牌和市场环境有关，也与企业的营销、管理能力等内部因素有关。当出现下列几种情况时，服装制造商一般就有选择两级或更多级批发商的必要：产品为中档、中低档或低档，目标消费者分布于广大三、四级市场；零售商地域分散，数量众多，单个零售商的销售量不大；制造商实力薄弱，市场渗透能力小，对市场把握能力不强，只有通过大量的本地批发商才能更好地拓展市场；区域市场的现有销量和潜在销量都很小，多安排一级办事机构或安排销售人员都不够经济。

七、确定渠道成员数目

在确定了渠道层级之后，接下来就需要确定渠道成员的数目，即决定渠道的宽度。一定区域内批发商和零售商的数量对于销售业绩和渠道管理会产生很大影响。当企业的渠道网络太过稀疏时，就会减少与消费者的接触机会，影响销量；而当渠道网络过于密集时，渠道成员之间又可能发生内讧，出现乱价销售、冲货、窜货等恶性竞争，进而降低渠道成员的总体积极性。

关于渠道成员的数量决策，制造商通常有三种选择：独家分销、选择性分销和密集性分销。

1. 独家分销

独家分销是指服装制造商严格限制区域内中间商的数量，往往只选择一家中间商。

在企业开发新市场初期，实行独家分销能起到吸引加盟者的作用。在市场正常运行期，实行独家分销便于市场秩序的维护和营销政策的执行，能提高品牌形象和允许较高的售价。但是一旦专营商变得强大而制造商又缺少相应的约束手段时，专营商便会对制造商提出过高的要求，影响制造商的利润空间和该区域市场的长期发展。

独家分销适合于知名服装品牌，因为名牌服装的市场辐射能力强，利用独家分销可以避免因某一家经销商不正当竞争而引发经销商之间的恶性竞争，避免危及品牌形象和渠道整体利益。独家分销也适合于打算进入新市场的三线品牌，由于三线品牌的吸引力小，制造商只有通过独家经营来稳定价格和保证市场独占，才能增加经销商的加盟积极性，使三线品牌顺利进入新市场。

2. 选择性分销

选择性分销是指制造商在某一区域市场有条件地选择几家中间商进行经营。选择性分销力求在该区域的渠道宽度适中，并在渠道竞争与市场覆盖之间取得平衡。实行选择性分销的服装制造商能够集中精力和挑选出来的中间商建立良好的伙伴关系。与独家分销相比，选择性分销能使制造商获得足够的市场覆盖面；与密集性分销相比，制造商又能获得较大的渠道控制权和较低的渠道成本。

对于那些已经建立起良好信誉、监管能力强、管理规范的服装制造商，或者那些已经对市场失去控制、但希望通过多个渠道成员之间的制衡来恢复对市场控制的服装制造商来说，选择性分销是一种很好的选择。

3. 密集性分销

密集性分销是指制造商通过尽可能多的零售商（在任何情况下，批发商数量都应受到限制）来销售产品。密集性分销能够使制造商实现最大的市场覆盖率，但相应的渠道成本较高，制造商的渠道控制权也较弱。

当消费者需要在当地能方便地购买到服装产品时，可以考虑实行密集性分销，比如"标准化程度高"的产品（内衣、袜帽、毛衣等）就比较适合密集性分销策略；三线品牌和单位价值低的中低档、低档服装也可以考虑密集性分销，通过扩大零售商的数量来实现销售量的提升。

综上所述，服装销售渠道结构的组成要素较多，主要可分为渠道成员类型、渠道层级长度、渠道成员数目等。不同的服装制造商应该根据企业的产品特点、品牌定位、营销条件、区域市场消费特点等诸多因素选择最适合的渠道结构，以便达到更有效、更经济的分销结果。

第三节 • 服装销售促进计划

一、确定销售促进目标

促销目标服务于企业的营销目标。销售促进目标的确立是制订相关策略的前提。销售促进的具体目标应当根据目标市场类型、市场变化及产品市场阶段等方面来决定。概括地说,服装销售促进的目标可分为两大类。

1. 短线速销

一般可通过三个途径达到此目的。
① 提高购买人数。较常用的方法有:卖点广告(POP)推广、竞赛、减价优惠、免费试用等。
② 提高人均购买次数。较常用的方法有:赠品、折价券、减价优惠、酬谢包装等。
③ 增加人均购买量。较常用的方法有:赠品、折价券、减价优惠、酬谢包装等。

2. 长线促销

较常用的方法有:VIP会员卡、竞赛、赠品等。

二、选择销售促进工具

1. 针对服装消费者的销售促进工具

针对服装消费者的销售促进的主要目的包括消费者教育(如流行趋势、时尚观念、生活方式等);商品、品牌、品质、特征、效率等的信息传递;唤起需要并刺激购买等。
针对服装消费者的销售促进工具主要有以下一些。
(1) 优惠券

持券人在购买服装产品时可凭优惠券享受规定的优惠。优惠券可以邮寄、包进其他产品内或附在其他产品上,也可刊登在杂志或报纸广告上。其回收率视分送方式的不同而有所差别;用报纸刊登优惠券的回收率约为2%;直接邮寄分送优惠券的回收率约为8%;附在包装内分送约为17%。优惠券可以有效地刺激成熟期产品的销售,并诱导对新产品的早期使用。专家们认为,优惠券必须提供15%~

20%的价格减让才会有效果。

（2）折扣优惠

即降低售价的一种促销方法，又称特卖或打折，这在服装零售业应用尤为普遍。

每至换季时节，商家为减少库存积压，常将换季服装打折销售。

（3）赠品

赠品一般是以赠送为诱因，抓住顾客贪图小便宜的心理，来激发顾客的购买欲。一种是附包装赠品，即将赠品附在产品内（包装内附赠品），或附在包装上面（包装上附赠品）；另一种是免费邮寄赠品，即消费者交上购物证据就可获得一份邮寄赠品；还有一种是自我清偿性赠品，即以低于一般零售价向有需求的消费者出售的商品。

（4）奖品、竞赛、抽奖、游戏

奖品是指消费者在购买某服装产品后，企业向他们提供赢得现金、旅游或物品的各种获奖机会。竞赛要求消费者参加一个参赛项目，然后由评判小组确定哪些人被选为最佳参赛者。抽奖则要求消费者将写有其名字及联系方式的纸条放入抽签箱中抽奖。游戏则是在消费者每次购买商品时送给他们某样东西，如纸牌号码、字母填空等，这些有可能中奖，也可能一无所获。这些通常比优惠券或赠品更吸引消费者。

2. 针对服装中间商的销售促进工具

针对服装中间商的销售促进活动的主要目的包括：使经销商对厂家的商品产生好感；指导经销商销售员的销售技术；经营管理的协助；商品的完全销售等。针对服装中间商的销售促进工具主要有以下一些。

（1）召开产销会议

定期举办经销商产销会议，讨论问题，增加沟通，并让经销商充分了解公司业务的发展方向及各项促销活动。

（2）经销商奖金规则

生产厂商为了促销某种特定产品，针对经销商制订的销售奖金办法。

（3）经销商竞争办法

举办经销商间的销售竞争，可以激励经销商达成目标。经销商竞争办法的制订虽以实现公司目标为前提，但为了能顺利执行，也需要站在经销商的立场考虑如何举办销售竞争最具效果。

（4）经销商教育辅导

教育辅导的目的是提高经销商的经营知识及技术，这些培训内容能反映在实际销售量的提升上。教育训练的内容如下：说明新产品的设计特色或功用；介绍流行资讯及设计理念；提高技术服务及管理水准；提高销售技巧；了解经济和市场的动向并确立经营观念；了解如何使业绩持续成长和扩充等。

（5）派遣专卖经销商辅导员

派遣专门的经销商辅导员协助经销商的销售及与公司间的沟通。

（6）提供产品目录及卖点广告POP

以免费或成本价提供经销商产品目录及卖点广告POP，如贴纸、海报、布旗、立体广告等，能吸引顾客注意力，增加产品知名度。

（7）发行经销商沟通刊物

发行以经销为主的刊物，以促进经销商与最终客户的交流。

（8）补贴经销商

对经销商的补贴有下列方式：购货折让，在特定期间内，经销商进货达到一定的数量，给予折价；新产品展示样品补助，厂商推出新产品时，给经销商购买展示样品折让补助；广告补助，经销商做广告销售生产厂商的产品时，可获得广告补助费用；续购折让，服装生产商为刺激经销商持续进货销售，在经销商第一次购买后，如能在一定的期间内再进货，则给予一定数额的折让优惠；提供无偿支援，对一些技术层次较高的产品，无偿提供协助经销商安装等技术服务。

3. 针对销售队伍的销售促进工具

（1）销售技巧训练

销售人员销售技巧训练除了推销技巧训练外，还需注意提高销售人员的销售意愿，并可借着成功案例发布会提高销售人员的实战经验。

（2）产品研讨会

产品研讨会内容有商品知识、操作技巧、产品特性、附属品特性、产品背景资料、铺货技巧、店面陈列方式、参观生产流程、质量控制标准等。

（3）竞争研讨会

举办竞争研讨会以对主要竞争产品的售价、性能、优点、缺点做深入的了解。

（4）销售竞赛

以销售人员个人或团体为对象举办销售竞赛，一方面激发销售人员的荣誉感，另一方面也可通过竞赛规则的设计诱导销售人员销售公司的重点商品。

（5）销售手册制作

所谓"销售手册"是推销人员推销商品参考的手册，能帮助人员向客户提供系统、美观又具说服力的资料，并对销售人员进行推销时给予重点指导，也附上一些公司的规定，提醒销售人员注意。

（6）销售奖金规则

销售奖金规则是规定销售人员根据销售业绩的好坏而得到的奖励。销售奖励可分为按个人业绩或团体业绩，以特定期间或季为单位计算业绩，给予奖励。奖励的方法有奖金、奖品、旅行、休假等。

（7）推销研讨会

推销研讨会利用一段时间召集各地区的推销员，共同针对产品、促销计划进行研讨，以发现新的策略及方法。

（8）促销品制作

促销品指协助销售人员推销的各种有用的工具，如产品模型、推荐函、辅助视听器材、函件、建议书、贴纸等。

（9）成功案例发布会

定期举办成功案例发布会，以借鉴其他销售人员的成功销售经验。

（10）表扬、奖励活动

利用公司的各种正式集会，表扬、奖励业绩优异的销售人员。

第四节 • 服装店铺设计

服装零售商店若想在未来的十年中继续生存下去，就必须注意商店环境的设计，而且要跟随时代的步伐不断加以改进，力争提供一个消费者所期望的、赏心悦目的商店环境。

一、商店环境设计是竞争优势的来源

商店环境的设计是经营策略的一个重要组成部分，是一个潜在的竞争优势。商店环境的差异，可能会影响顾客的选择。在商业竞争中，重要的挑战在于是否能及时了解消费者的需求并提供有吸引力的商店环境。这就是为什么会有那么多时装零售企业要花很多费用，定期对商店进行重新设计和装修的原因。

1. 舒适的购物环境激发愉快的购物体验

在竞争激烈的时装零售行业中，有些企业发展良好、蒸蒸日上，有些却在为维持生存而挣扎。究其原因我们看到，那些成功的商家大多能够真正理解消费者心目中"价值"的真正含义，但有许多商家错误地把价格看成是价值。其实，价值应该是购物者全部的体验，它指的是购买行为所带来的所有好处。这些好处包括令人愉快的商店环境、优良的销售服务、方便实用、高品质的商品等。很显然，价格并不等同于价值，它只是价值的一部分。这也就是说，并不是所有的购物者都很在乎价格的高低，如果商品陈列精致、商店地板整洁、顾客服务优良，或者仅仅是冲着一个称心如意的整体购物环境，有的顾客就宁愿多一些花费。

2. 商店环境是赢得顾客满意的工具

现在，想方设法把顾客吸引到商店里来，并给他们一个舒适、可以随意浏览的场所，已经成为商家一个最新的策略。零售企业以及品牌所有者都在利用这个工具，以达到丰富顾客购物体验的目的。所以，了解和掌握顾客需要以及他们对商店环境的期望，是一项经常性的需要。顾客的满意程度，意味着商店工作成果与顾客期望之间的接近程度。如果商店环境没有达到顾客的期望值，他们就会感到失望；如果满足了期望，他们就会感到满意。

换句话说，如果顾客感受到的商店环境达到了期望值，满意就产生了。通常，如果顾客对某个商家感到满意，他平均要告诉五个人；如果不满意，他要倾诉的人数是前者的两三倍，而且以后可能再也不到那家商店里去了。显而易见，零售企业成功的关键就在于是否能够认识和理解自己的顾客，并且以一种与众不同的方式去迎合他们的爱好和需要。

如果实际表现超过期望，顾客就会特别高兴，感到很满意。消费者满意程度的高低，可以帮助他们鉴别一家商店是否值得经常光顾。很大程度上购物是一种休闲活动，消费者希望自己的购物经历能够带来一些情感方面的东西或者愉快感觉，成功的商家必须认识到消费者的期望并做出反应。购物者把他们的宝贵时间花在了购物上，自然希望得到快乐和满足，因此每一个商家都应该更好地了解消费者对商店环境的期望。

二、商店环境的要素

1. 商店周围条件因素

商店周围条件因素是指那些在不知不觉中左右着消费者的环境背景特点，包括温度、灯光、音乐和气味等。这些因素能够在毫无知觉的情况下，影响人们对商店设施的感受、看法和反应。通常，它们作用于五个感觉器官。根据戴维森等人的观点，周围条件因素更多依赖于人们的模糊感觉，而不是精确的计量。

在一些特别的情况下，消费者对周围条件可能会非常在意。如果消费者的注意力被提高了，消极的周围条件就容易导致不满意。比如说商店里的空调坏了，空气又热又闷，消费者的注意力就被调动起来，因而可能产生不满意。如果消费者感到不舒服，就不愿意花更多的时间在商店里逛来逛去了，他们只想赶紧把要买的东西买好，然后迅速离开。

具有抚慰效果的背景音乐能创造出愉快的气氛，柔和的灯光比明亮的灯光能够制造出更轻松愉快的情绪。过分吵闹会让购物者感到难受，炫目的灯光会让他们看不清楚或者感觉不舒服，难闻的气味也能把他们从商店里赶出去。这些都属于周围条件因素，它们能够影响人们在商店里停留时间的长短。

2. 商店设计因素

设计因素是指那些在本质上比周围条件因素更容易觉察的东西，其性质可能是美学的，也可能是功能性的。

功能性因素包括布局、舒适度和隐私权。美学因素有助于消费者产生愉快的感觉，包括的内容有建筑、原料、色彩和商品陈列等。布局是功能性的，商品布局好不好直接影响顾客是否能够比较容易地找到自己要买的商品。宽敞的过道所营造出来的气氛，当然要比拥挤狭窄的过道要好。

商品陈列对消费者做出购买决定的影响也比较大。有的消费者甚至把试衣室以及试衣室里面的设施，作为选择商店的主要标准。由于商店环境的发展趋向于最低限要求主义，人们将会越来越强调商店里的固定装置和试衣条件。商品货架不仅起到商品展示作用，也可以产生一定的美学效果。

3. 商店社会性因素

商店社会性因素涉及商店环境里的所有人。消费者和售货员的数量、类型以及行为都包括在社会性因素中。如果因为售货员人数不足而不得不等待的话，消费者会感到气愤。售货员工作的好坏也能极大地影响消费者的满意度。消费者根据他们的期望值来评价售货员的服务。消费者对售货员的期望似乎也越来越高，比如说，售货员对商品要有很好的了解，要令人信赖，能对消费者的需要做出回应。在消费者心目中，商店一线员工不仅仅是售货员，也是他们的购物顾问。

在服装商店，消费者在选择商品时一般都会征求售货员的意见。售货员和消费者之间的对话交流通常发生在零售环境下，这种对话交流所产生的积极作用也能够使消费者获得满意感。

三、服装零售卖场设计

卖场是指服装企业销售服装的现场，包括百货商店中的店中店和专卖店等。零售卖场的设计与零售商整体布局、设计是分不开的，但每个服装企业可以在自己有限的区域内，在不与零售商发生冲突的前提下进行自我设计，使卖场别具一格，与众不同，吸引消费者，树立企业形象。

1. 视觉沟通

视觉沟通是指运用图案、标记等视觉图像来吸引消费者。在实际运用中，应考虑以下问题。

(1) 卖场应运用协调性的标记和图案

标记和图案应该是商品和消费者之间的桥梁。标记和图案的颜色和色度应是对服装的补充，与整个卖场背景不协调的颜色会从视觉上破坏服装的展示并且会分散消费者对服装的注意力。颜色的选择应吸引目标消费者或突出特定的服装：比如适合儿童的颜色应该简单明快；适合十几岁的青少年的颜色应该热烈鲜明；女士内衣的颜色应该体现柔和等。另外，在卖场张贴的海报应该运用最能体现服装定位和特色的画面。

(2) 卖场可以运用一些非关联商品作为道具

非关联商品是指与服装产品无关联的商品，比如一些小商品或艺术品，把它们作为卖场道具，也是展示服装整体吸引力的重要方式。如销售夏季女装时，可以在卖场摆设一些时令水果，既突出服装的季节性又可以丰富卖场的色彩，增加卖场的动感。在销售男装的卖场，摆设古色古香的工艺品，以突出男装的历史感、庄重感。

(3) 合理运用标志的印刷字体

合理运用标志的印刷字体对标志的成功来说是非常重要的。不同的印刷字体传递着不同的信息和语言。例如：书写降价标志时，用工整的标准字体，比草率的书写要好得多，消费者会认为降价不是简单草率的行为，而是有种与众不同的感觉。

(4) 为消费者提供信息

消费者到零售卖场，希望得到产品更多的信息。如不同服装指示牌，解释服装是如何生产加工的以及生产服装的历史或获得过哪些奖项等。有些服装企业会在卖场摆设服装整体穿着效果的模特或不同服装穿着场合的效果图，很受消费者欢迎。

2. 灯光照明设计

零售卖场的内部氛围和空间个性需要靠光源来渲染和控制。消费者进入一家照明效果好的卖场会心情愉快、轻松地购物；而进入一家光线暗淡的卖场心情会低沉、压抑，购物热情下降。所以，灯光照明能够直接影响卖场内消费者的购物情绪。

3. 色彩设计

心理学研究表明，色彩可以对人的心情产生冲击和影响。例如：彩色比黑白更能刺激视觉神经，引起人更多的注意。零售卖场可以运用和组合色彩，调整卖场内的色彩对比，形成特定的卖场氛围。对卖场进行色彩设计时，主要注意三个方面。

① 色彩的类型。色彩可分为暖色调和冷色调两类。暖色调主要有红、黄和橙

色,而冷色调有蓝色、绿色。一般来说,暖色给人温暖、舒适、快活的感觉;冷色给人寒冷、清凉、沉静的感觉。如果将冷暖两色并列,给人感觉是:暖色有扩张感,冷色有收缩感;暖色看起来面积大,冷色看起来面积小;暖色使人感到物与人的距离近些,冷色让人感到物与人的距离远些等。

另外,不同色彩会引起消费者不同的联想。如绿色象征自然、生命、和平;蓝色象征宁静、博大;红色象征热烈、活泼、喜庆;黑色象征沉稳、庄严、力量;白色象征纯洁、天真、无瑕;黄色象征温暖、广阔、柔和;紫色象征浪漫、神秘、倾心等。服装企业可根据色彩对消费者心理的影响,结合企业服装色彩系列,设计出协调统一、富有美感的卖场。

② 色彩的深度。通过各种色彩深浅程度不同的组合设计,创造意想不到的效果。如较淡的颜色让人感到柔软,较浓的颜色能够吸引消费者的目光。

③ 色彩的亮度。一般浅色系的色彩显得明亮,而深色系的色彩较暗淡。明亮的颜色能使人感到实物的硬度,而暗色让人感觉较为柔软。儿童一般喜欢明亮的颜色,而成年人更喜欢柔和色调。

4. 声音与音乐设计

声音与音乐对服装零售卖场的影响可能是积极的,让消费者赏心悦目,但也有可能是消极的,让消费者难以容忍。主要注意以下两个方面。

① 控制各种噪声干扰。噪声可能来源于卖场外,也可能是卖场内产生的。对外部噪声,可采用消音、隔音设备,杜绝噪声。卖场内部的空调会产生轰鸣声,可以将空调移至比较隔音的地方,减小噪声。

② 充分利用背景音乐。优美的背景音乐,可以营造浓厚的购物情调,使人产生或兴奋或激昂之感,促使消费者购买商品。要根据卖场服装的定位选择乐曲,如定位于都市时尚青年的服装宜采取流行的、奔放的音乐;定位于中老年的服装宜采取传统舒缓的音乐。另外,音乐还可以起到控制消费者步调节奏的作用,如在购物高峰时可播放一些快节奏的音乐,在购物低谷时播放缓慢的轻音乐,都会有利于销售。

5. 气味控制设计

在人们所有感觉中,嗅觉对人的感情影响相当大,嗅觉也会改变人们的行为方式。

服装零售卖场应该精心设计气味来增强人们的购买欲望,如各种淡淡的花香有助于女装的销售。

一方面,零售卖场选择的气味要与服装的消费者喜好相一致;另一方面要控制好气味的浓度,过浓的香味会起到相反的作用,令消费者不悦。

四、服装店铺的室内设计

室内设计包括店堂的布局、照明、色彩、音响、空调、装饰材料等设计。合理的室内设计可以提高店铺有效面积的使用水平、营业设施的利用率,为顾客提供舒适的购物环境,使顾客获得购物之外的精神和心理上的某种满足,产生重复光顾的心理。室内设计要遵循总体均衡、突出特色、和谐合适、方便购买、适时调整的原则。

1. 室内布局

室内布局指的是室内的整体布局,包括空间布局和通道布局两部分。

(1) 空间布局

消费者购物一般都会把卖场体验作为影响购买行为的因素,合理的空间布局和结构设计将会对销售活动起到促进作用。布局设计必须合理、顺畅、引导性强,方便店内人们的流动,尽可能有效地利用可获得的销售空间,使所有的商品能够有效地向顾客展示。

简单地说,店铺布局就是要将整个店铺空间划分为具体的不同功能的区域。销售区占用了店铺内的主要空间,其余的都是非销售功能的区域,如收银台、办公室、改衣间、库房等。

根据商店类型、商品分类、数量和销售方式的不同,零售商采用的大多数布局设计都基于四种常见的布局设计:格子模式布局、自由流动布局、精品店布局和跑道式布局。

① 格子模式布局

格子模式布局通常被超市采用,这种布局包含了很多平行排列的货架,这些货架形成许多过道,顾客进入过道往往受限于两边,对购物路线的选择有限。

这种布局的空间利用率很高,可以提供大量的商品,而且还可以实现标准化货架和低成本。顾客对路线选择的有限性,实现了对人流的高程度控制,商品也实现了对顾客的高曝光率。当顾客以一种指定的方向而不是随机的路线在商店中走动时,高空间利用率和可预测的购物路线也形成了潜在的高人流容量。

格子模式布局的高效率也有消极的一面。这种设计限制了顾客的行动自由,使顾客浏览商品时感到不舒服。同时,顾客和员工的接触也较少,零售商很难有效地为顾客提供个性化的服务和促销,顾客在商店中的体验极其有限。

② 自由流动布局

自由流动布局是典型的街头店铺设计形式,尤其适用于服装店。它组合采用了不同的货架,以充分展示商品,并拥有让顾客自由地在店内走动的空间。

与格子模式布局相比,顾客能够通过许多不同的路线进入商店的所有部分。

大面积的开放空间和多样的购物路线，大大提高了消费者的购物体验；员工利用与购物者的近距离沟通，把握顾客需求，可以向顾客提供个性化的服务，使人员推销等行为变得容易而有效。

　　自由流动布局的商店提供个性化服务和高购物体验的同时，也降低了效率。大面积的开放空间导致了低空间利用率。顾客更高的行动自由限制了零售商对人流的控制能力，也使人流容量比较有限，潜在地降低了商品的曝光水平，即商店不能保证顾客能真正看到某个展示区域。

　　这种布局对追求商店购物体验而非效率的零售商非常适合，他们通常只向顾客提供有限的商品类别，消费者在做购买决策上需要较多时间。

　　③ 精品店布局

　　精品店布局的设计风格介于格子模式布局和自由流动布局之间，也被称为"店中店"。这种设计是把店铺空间分割成不同的销售区域，在每个区域中通过货架适当地展示特殊分类的商品。综合商场或购物中心往往采用这种布局。

　　精品店布局没有自由流动布局的开放程度高，但其开放空间存在于各销售区域之间；同时，与格子模式相比，更容易为顾客提供服务和人员推销。有效成本的高低和商品分类的曝光率根据各区域设计的不同而不同，即有限的开放空间和标准货架的组合，导致了低有效成本和高商品曝光率。从某种意义上讲，这种布局是商品体验和效率的折中，倾向于适中的空间利用率、人流控制和人流容量。

　　④ 跑道式布局

　　现代综合商场逐步把精品店布局发展成为"跑道"形式。商店被设计成购物者沿着一条固定的路线绕着商店前进，但在这条线路中有许多中途分道点，以便顾客进入各个销售区域。

　　随着社会的发展，在规划中逐步将四种布局结合起来运用。服装店铺根据经营面积的大小和经营定位而采用不同的布局。常见的有沿墙直线陈列或沿有规律的斜线布局（如"之"字形），类似于把格子模式布局和精品店布局结合起来，但整个店铺的布置给顾客形成一条U形通道，便于顾客看到所有展示的墙面和所有的服装；大多数服装店都采用自由型布局，用马蹄形、圆形、正方形或三角形的通道把店铺分割成不同区域。

　　服装店为了促销，或为给顾客造成视觉冲击和新鲜感，经常会根据不同季节或不同货品，及时灵活调整店铺布局。

　　(2) 通道布局

　　顾客通道的设计与店铺的布局形式有着紧密的联系，店铺布局影响通道的设计。顾客通道是否顺畅，宽度是否合适，对顾客流向和容量起着重要作用，并对顾客决定是否进店也有直接影响。

　　货架摆放要留出行走空间，行走空间可分为主通道和副通道。一般来讲，营业面积在600平方米以上的零售店铺，卖场主通道的宽度要在2米以上，副通道的宽度为1.2~1.5米。最小的通道宽度不能小于90厘米，即要保证两个成年人能够同向或逆向通过（成年人的平均肩宽为45厘米）。

① 主通道

主通道是店铺内顾客流动的主要通道。一般来说，主通道应该以店铺主入口为起点。不同规模的店铺可以选择不同形状的主通道，对于小型店铺而言，由于店铺空间较小，一般设计成L形、Y形或U形。对于空间较大或结构复杂的店铺而言，可以设计成圆环形或"井"字形等。

② 副通道

副通道是顾客在店内选购商品过程中选择的辅助通道，它将不同偏好的顾客从主通道上带到不同特色的商品专柜。副通道的设计根据店铺实际情况和主通道的形状而定。一般来说，都是以主通道为核心，用不同数量和形状的副通道辐射到各个商品专柜。

③ 店铺内其他功能设施布局

收银台的位置和数量，根据店铺的大小、档次和销售形式而定。面积较小的店铺，为了节省空间，收银台一般在门口或最里头正对门靠墙的地方，只占很小的位置，并兼作服装整理台。在大商场里，收银台一般设在中心区，很多商场还设多个收银台，以方便顾客付款。

收银台前的空间应该宽敞，且有明显的标志。

试衣间一般设在靠墙角或贴柱子的角落里；大型的服装店铺大多设计正反试衣间，成对放置于店铺中，便于人流较大时顾客进出。面积较小的服装店仅在角落设置挂帘式的简易试衣间。试衣间的面积不宜太小，一般为1~2平方米。

除了收银台、试衣间之外，店铺内还有仓库、改衣间等。仓库一般设在销售区域的后面，以方便销售人员取货。改衣间一般设在人流不太大的地方，靠墙一侧或角落里。大型卖场还设有洗手间。

2. 室内装潢

（1）天花板设计

天花板可以创造室内的美感，而且还与空间设计、灯光照明相配合，形成优美的购物环境。在进行天花板设计时，要考虑到天花板的材料、颜色、高度，尤其是天花板的颜色。天花板要有现代化的感觉，并注重整体搭配，以展现色彩的优雅感。如年轻的职业妇女，比较喜欢有清洁感的颜色；年轻男性强调店铺的青春魅力，以使用原色等较淡的色彩为宜。一般的服装店天花板以淡粉红色为宜。

（2）墙壁设计

主要包括墙面装饰材料和颜色的选择、壁面的利用。店铺的墙壁设计应与所陈列商品的色彩内容相协调，与店铺的环境、形象相适应。一般可以在壁面上架设陈列柜，安置陈列台，安装一些简单设备，以摆放服装，用来作为商品的展示台或装饰。

（3）地板设计

主要涉及地板装饰材料和其颜色的选择，还有地板图形设计。服装店要根据不同的服装种类来选择图形。一般地说，女装店应采用以圆形、椭圆形、扇形和几何曲线形等曲线组合为特征的图案，带有柔和之气；男装店应采用以正方形、矩形、多角形等直线条组合为特征的图案，带有阳刚之气；童装店可以采用不规则图案，可在地板上采用一些卡通图案，显得活泼。

（4）货柜货架设计

主要指货柜货架材料和形状的选择。一般的货柜货架为方方，但异形的货柜货架会改变其呆板、单调的形象，增添活泼的线条变化，使店铺表现出曲线的意味。异形货柜货架有三角形、梯形、半圆形以及多边形等。货柜货架设计与产品设计应该是融为一体的，比如BOSS用精美的紫檀木货架展现它的贵气；ESPRIT用银灰的金属货架和大红的背景传达它的时尚前卫。

五、服装店铺的室外设计

室外设计要素包括标志、招牌、标准色、标准字体、结构、照明、装饰材料和整体风格等。店面是消费者认识商店的基本途径。室外设计主要包括外观设计、招牌设计、出入口设计、橱窗设计、外部照明设计。

1. 外观设计

外观是店铺给人的整体感觉，体现店铺的档次和个性。从整体风格来看，可分为现代风格和传统风格。现代风格的外观给人以新鲜的时代气息、现代化的心理感受，也体现了服装的潮流性。具有民族传统风格的外观给人以古朴殷实、传统气息浓厚的心理感受。许多百年老店，已成为影响中外的传统字号，其形象已在消费者心中树立起来，用传统的外观风格更能吸引顾客。如果服装店经营的是有民族特色的服装或仿古的服装，如旗袍一类，则可采用传统风格。

2. 招牌设计

招牌的图形标志和字体的大小、形状、色彩应突出，并与周边的环境协调，做到新颖、醒目、独特、简明，既美观大方，又能迅速抓住人们的视线，使顾客或过往行人从较远的地方或多个角度都能较清晰地看见。临街的店铺要注意招牌的照明和防水性。

招牌的形式、规格与安装方式，既要做到与众不同，又要与店面设计融为一体，给人以完美的外观形象。招牌的材质有木质、石材、金属材料等。招牌的安装可以是直立式、壁式，也可以是悬吊式的，还可以直接镶嵌在装饰外墙上。

在招牌的制作与使用上，可直接反映商店的经营内容，制作与经营内容相一致的形象或图形，能增强招牌的直接感召力。根据服装店经营范围，可以选择不同类型的招牌：女装店可选择时尚感强的招牌，且招牌的颜色要醒目；西装店的风格大多比较正式，要选庄重的招牌；童装店则要活泼、有趣，能吸引小朋友；运动装店的招牌要有活力和朝气。

3. 出入口设计

在设计店铺出入口时，必须考虑店铺营业面积、客流量、地理位置、商品特点及安全管理等因素。不合理的设计，会造成人流拥挤或顾客没有看完商品便到了出口，影响商品的展示和销售。好的出入口设计要可进入性强，并能合理地引导消费者进出，有序地浏览全场。如果店面是规则形状店面，出入口一般在同侧为好，以防太宽使顾客不能浏览所有商品。不规则形状的店面则要考虑到内部的许多条件，设计难度相对较大。

4. 橱窗设计

商店橱窗不仅是门面总体装饰的组成部分，而且是商店的第一展厅。它是以商店所经营的商品为主，巧用布景、道具，以背景画面装饰为衬托，配以合适的灯光、色彩和文字说明，进行商品介绍和商品宣传的综合性广告艺术形式。消费者在进入商店之前，都要有意无意地浏览橱窗，所以，橱窗的设计与宣传对消费者购买情绪有重要影响。

橱窗的设计，既要突出所经营服装的特色，又要能使橱窗布置和服装展示符合消费者的消费心理，即让消费者看后有美感、舒适感，对商品有向往之情。好的橱窗布置既可起到展示商品、引导消费、促进销售的作用，又可成为商店门前吸引过往行人的艺术佳作。

橱窗应该在靠近门前或人流主通道的位置，而且前面没有遮挡物，主推商品的摆放与消费者视线呈30°角。在设计中运用旋转的道具或垂吊物，可以增强橱窗的动感或空间感。根据顾客群的特点和营销策略，橱窗可采用封闭式、半封闭式和开放式，或者简化橱窗。

橱窗的布置方式多种多样，主要有以下几种。

（1）综合式橱窗布置

将许多不相关的商品综合陈列在一个橱窗内，组成一个完整的橱窗广告。这种橱窗布置由于商品之间差异较大，设计时一定要谨慎，否则会给人杂乱的感觉。可以分为横向橱窗布置、纵向橱窗布置、单元橱窗布置。

（2）系统式橱窗布置

大中型店铺橱窗面积较大，按照商品的类别、性能、材料、用途等因素，分别组合陈列在一个橱窗内。如把同种质地不同款式的上衣、同款式不同质地的裙子、同质不同类的衣裙或不同类不同质的服装组合陈列。

（3）专题式橱窗布置

是以一个广告专题为中心，围绕某一个特定的事件，组织不同类型的商品进行陈列，向媒体大众传输一个诉求主题。可分为：节日陈列，以庆祝某一个节日为主题组成节日橱窗专题；事件陈列，以社会上某项活动为主题，将关联商品组合起来的橱窗布置；场景陈列，根据商品用途，把有关联性的多种商品在橱窗中设置成特定场景，以诱发顾客的购买行为。

（4）特定式橱窗布置

指用不同的艺术形式和处理方法，在一个橱窗内集中介绍某一产品，例如，单一商品特定陈列和商品模型特定陈列等。这类布置适于新品或特色商品的宣传，对重点商品进行特写。

（5）季节性橱窗陈列

根据季节变化把应季商品集中进行陈列，如冬末春初的羊毛衫、风衣展示，春末夏初的夏装、凉鞋、草帽展示。这种手法满足了顾客应季购买的心理特点，但季节性陈列必须在季节到来之前一个月预先陈列出来，向顾客介绍，才能起到应季宣传的作用。春天采用绿色植物，秋天采用金黄色的色调、枯枝等，具有鲜明的时尚气息，在色彩、道具上能给人强烈的视觉冲击。

5. 外部照明设计

这里的外部照明主要指人工光源的使用与色彩的搭配。它不仅可以照亮店门和店前环境，而且能渲染商店气氛，烘托环境，增加店铺门面的形式美。

色彩是人的视觉的基本特征之一，不同波长的可见光引起人们视觉对不同颜色的感觉，形成了不同的心理感受。如玫瑰色光源给人以华贵、幽婉、高雅的感觉；淡绿色光源给人以柔和、明快的感觉；深红色刺激性较强，会使人的心理活动趋向活跃、兴奋、激昂或使人焦躁不安；蓝靛色刺激较弱，会使人的心理活动趋向平静，控制情绪发展，但也容易产生沉闷或压抑的感觉。色彩依红橙黄绿蓝靛紫的顺序排列，强弱度依次由强转弱。

（1）招牌照明

招牌的明亮醒目，一般是通过霓虹灯的装饰做到的。霓虹灯不但照亮招牌，也增加了店铺在夜间的可见度。同时，能制造热闹和欢快的气氛。霓虹灯的装饰一定要新颖、别具一格，可设计成各种形状，采用多种颜色。为了使招牌醒目，灯光颜色一般以单色和色彩感较强的红、绿、白等为主，突出简洁、明快、醒目的要求。有时，灯光的巧妙变化和闪烁或是辅以动态结构的字体，能产生动态的感觉，这种照明方式能活跃气氛，更富有吸引力，可收到较好的心理效果。

（2）橱窗照明

光和色是密不可分的，按舞台灯光设计的方法，为橱窗配上适当的顶灯和角灯，不但能起到一定的照明效果，而且还能使橱窗原有的色彩产生戏剧性的变化，给人以新鲜感。橱窗照明不仅要美，同时也要满足商品的视觉诉求。橱窗内的亮度必须比卖场的高出2～4倍，但不应使用太强的光，灯色间的对比度也不宜过大，光线的运动、交换、闪烁不能过快或过于强烈，否则消费者会眼花缭乱，造成强刺激的不舒适感觉。灯光要求色彩柔和、富有情调。同时，还可以采用下照灯、吊灯等装饰性照明，强调商品的特色，尽可能在反映商品本来面目的基础上，给人以良好的心理印象。

（3）外部装饰灯照明

它是霓虹灯在现代条件下的一种发展。一般装饰在店门前的街道上或店门周围的墙壁上，主要起渲染、烘托气氛的作用。如许多店门拉起的灯网，以及制成各种反映本店经营内容的多色造型灯，装饰在店前的墙壁或招牌周围以形成购物气氛。

第九章
服装品牌营销

第一节 • 服装品牌营销管理

一、质量管理

　　服装品牌与产品之间最本质的区别在于产品是生产商给出的，而品牌则是由消费者赋予的。离开了好的产品，品牌便会因缺乏了最基础的载体而无法在市场上长久立足，而同时产品也只有得到了消费者的欣赏、认可与信任并能与消费者建立起牢固而紧密的关系，才能为产品所依附的品牌赋予长久的生命力。质量是产品的生命，它直接影响着品牌的竞争力。而与传统的质量概念相比，服装质量更强调服装所表达的心理作用和情感作用，具体来说即自我尊重、身份象征、个性化差异等各方面因人而异的观念和心态。

　　一个成功的品牌往往体现着完美无缺的质量和持之以恒的信誉。优质，是企业创品牌的根本，是企业保品牌的关键，更是企业品牌大厦不可动摇的根基。就服装企业而言，优质不仅应体现在面料、色彩和做工上，更应包括服装设计的品位、穿着舒适度、尺码规格标准、包装典雅美观、退换货程序流畅度等一系列消费者认为有价值的功能，而在这些业务中所涉及的选料、设计、加工、生产、销售、运送等一系列多方位复杂交错的工序中，建立起一整套全面系统的质量管理体系就变得尤为重要，依靠此体系来完善对整个企业质量活动的计划、组织、协调、监督和检查。随着世界经济一体化的竞争发展，不少知名的企业都以质量和标准体系作为竞争中最强有力的武器，市场的竞争最终可以理解为质量和标准的竞争。激烈的服装市场争夺战中，谁赢得了质量和信誉谁就赢得了市场，谁损坏和葬送信誉谁就会被市场所淘汰。

二、技术管理

除了作为基石的质量管理，一个优秀品牌在品牌生命周期上的顺利延续更多地体现在其对产品的技术管理和创新上。服装品牌的技术创新主要体现在其对时尚讯息的把握、先进原料的采用以及外观设计的个性化，等等。因为服装行业是个较特殊的行业，较之其他行业它的升级和转型都更频繁、更随机，人们受流行趋势的影响往往会第一时间体现在服装上，而这种影响体现在服装面料上尤为突出和直接。随着高科技的发展，服装面料的质量和功能性不断翻新、不断提高，各式各样具有舒适透气、防皱免烫、抗静电、防紫外线、防菌、防霉等功能的面料不断推出，但随之面料流行的周期也越来越短，不同的时期会有不同的流行趋势和强调重点。新的消费需求总是以最快的速度形成，而且这种变化趋势是突兀且难以预见的，因此以敏锐的触觉捕捉服装信息，把握到各种可见和不可见的变化，在设计、生产、加工等过程中着重新产品以及新工艺的采用和设计，紧跟国际流行趋势，成为了服装经销商们必须关注的重要课题。

在服装企业中实现技术管理和创新，主要通过以下三条途径。

首先，服装企业要及时主动地淘汰落后生产线，引进国外先进的纺织面料生产技术。取其精华，去其糟粕，最终提炼出自身的开发创新理念和技术。

其次，由于我国目前多数服装企业自身的开发和研究系统实力比较薄弱，且多数企业不具备自己的研发体系，所以企业应积极与当地的纺织科研机构和专业高等院校合作，建立良好的合作往来关系，充分利用双方的优势共同研究，做到优势互补，共同受益。

最后，国内的服装经销商们在设计理念创新方面应摈弃对欧美的一味抄袭和模仿，应深入挖掘我们国家自己特有的文化，配合以国际服装的流行趋势，做到设计理念的创新和突破。

三、财务管理

现今国内经济的一体化具体体现在国际直接投资持续增长、国际贸易继续增长、金融市场一体化程度加深、跨国公司的全球拓展和区域经济的集团化发展上。在这个大环境下，服装企业的财务管理显得尤为重要。

目前国内的多数服装企业皆为订单加工型企业，因此，提高财务管理的透明度及效率是企业的主要目标，具体来说就是需要通过对销售资料的信息管理来跟踪、分析应收款、预付款情况及营销费用、销售人员工资等相关信息，并根据人工设定自动提交相关分析报告，以此来辅助管理决策。但在服装营销全球化之后，财务管理的职能环境更为广阔和复杂多变了，且存在一定的机遇和风险。首先是管理好企业自有资金和外来资本，以降低财务成本和提高资金利用率；其次是建立相关有效的规章制度，以最大程度地降低服装生产的成本和营销费用开支；然后是迅速适应并利用各国财务环境的特点和差异，合理调度从而取得整体财务优势；最后得加强财务风险管理，以防范财务风险，保障企业财务和资产收益的价值。

总而言之，无论是对于服装业还是其他行业，企业在财务管理上都要慎重，用最少的资金盘活最大的资本，使企业更加快速而稳定地发展，为品牌的可持续发展提供强大后盾。

四、信息系统管理

中国加入WTO以后，显现出来的市场特征决定了服装业的竞争不再仅仅局限于价格与成本之间，市场对服装企业的要求提升到了品牌意识的战略高度，不仅要具备对消费者各种需求的精确、有效、快速的反应能力，还要求能搜集处理信息并且有效地预测、计划、评估和跟踪。无论服装企业采用哪一种经营方式，最终都需要现代化技术贯穿整个营销链的始终，而不是只用计算机简单的操作解决一些简单的问题。因此，涉及市场信息数据的保存、提取、运用和销售系统的管理、自动补货系统的更新等因素的信息管理系统的启用对服装企业的发展有着不可小觑的影响。它能对营销活动作出有效的控制，既增强了服装企业的可持续发展能力，又把握住了附加值能力。

我国的服装企业大多属于劳动密集型企业，其自动化程度比较低，这无疑给服装行业信息化的实现带来很大的难度，而服装企业的业务流程相对于其他行业来说更为复杂和繁琐，从款式、结构到客户标识甚至更多的数据，企业每天都要处理成百上千的库存单位，这是一种复杂性极高的经营管理，因此精确的预测、到位的材料采购管理、周全的生产计划和准确恰当的分销管理显得尤其重要。服装生产营销中所涉及的信息数据是大量而琐碎的，仅在营销中就包括销售数量、型号、款号、包装手段、支付方式、装箱方式、存货控制、市场分析，等等。这是一系列随时都会发生变化的数据，它的传递已不可能只通过传统的口头传递、电话，甚至是E-mail来实现，因为中间难免会产生信息遗失或误差，由此大力提高企业信息化水平，依靠先进的电子技术建立传递快捷、可靠性高的信息网络成为服装企业的重中之重。

所谓服装企业的信息化，其实就是所有业务流程的信息化。它包括以下两个方面的内容。

首先是企业集团内部的信息化。这主要包括建立局域网以确保各项资源、数据沟通的渠道畅通无阻，并以此为基础实施ERP，即企业资源管理，同时应用管理信息系统把企业的物流、资金流、信息流进行一体化管理。

其次是企业外部的信息化，即指利用互联网促使产品从设计概念到零售的整个供应链上的信息交换实现即时的"Share Online",企业则可以在线实时处理事务,并在此基础上应用客户关系管理、供应链管理、产品研发管理等更高技术要求的管理系统建立起以消费者为中心的管理模式的新型业务系统,增强企业的核心竞争力。另外,企业还可以设立 Web 站点,开展电子商务,通过企业的网络主页对外进行品牌宣传、信息和产品的发布。在基于 Web 的营销管理系统平台下,企业信息的传递和处理变得更加方便和快捷,极大地促进了企业流程的重组与优化。

服装企业信息化的实施会对企业的生产和营销活动产生以下积极的效应。

首先,企业信息化的实施在企业与企业间的商务活动过程中起到了良好沟通的作用,它在电子商务的平台上实现了营销、生产、采购、支付等过程的一体化,使得企业之间的业务数据、管理信息等各种资源得到更好的共享,实现了企业物流、信息流和价值流的有机集成与优化,提高了企业的应变能力和竞争能力。

其次,通过营销管理平台,企业进行市场调查和信息收集变得更加方便快捷,客户需求获取及时,后台的业务处理系统能使企业快速地对客户需求做出反应,个性化的产品定制服务使客户能够方便地定制其需要的产品,电子商务系统使投诉信息的获取和处理更加快捷,在线的技术支持也能够及时解决客户遇到的各种技术问题,这些都大大提高了客户服务水平和客户满意度,为企业带来了可观的经济效益。

五、供应链管理

供应链是指涉及将产品或服务提供给最终消费者的过程和活动的上游及下游企业组织所构成的网络。供应链管理包括了供应商、制造商、分销商、零售商四个环节,分别体现了供应、生产计划、物流和需求四点。它是以同步化、集成化的生产计划为指导,以各种技术为支持,尤其以 Internet 或 Intranet 为依托,围绕供应、生产作业、物流和满足需求来实施的。供应链管理的目标在于提高用户服务水平和降低总的交易成本,并寻求两个目标之间的平衡。

服装营销中也存在着一条供应链,它贯穿着企业运作的始终,以服装企业为核心,通过对信息流、物流、资金流的控制,从原材料采购开始,制成中间产品以及最终产品,最后由销售网络把产品送到消费者手中,将供应商、制造商、分销商、零售商、最终用户连成一个整体的功能网链结构模式。对服装供应链进行管理,目标是要提高整个供应链对消费者需求的反应速度与准确性,降低总的交易成本,实现快速反应。供应链集成化意味着消费者的需求一旦发生变化,就会驱动服装经营者,进而牵动服装制造商、面辅料供应商。这是一种环环相扣、互相牵制、互相影响的运作方式。

21 世纪的竞争不是企业与企业之间的竞争,而是供应链与供应链之间的竞争,市场上只有供应链而没有企业。面对日益激烈的品牌竞争,企业必须在合适的时间、合适的地点,以合适的价格向消费者提供合适的产品,从而快速响应消费者多样化的需求。

服装企业,尤其是品牌服装企业更离不开供应链管理。品牌服装企业的供应链管理模式按组织方式可以划分为以下几种。

第一,传统的垂直一体化模式,即将设计、采购、生产、加工和销售全面包揽的经营运作方式。

第二,产权维系型管理模式,指服装企业通过参股或控股的方式获取并统一管理工厂和批发机构,建立从生产、批发到零售的综合经营网络,控制产品的整个供应渠道。这种模式更广泛应用于零售业。

第三,契约维系型管理模式。为了达到经济效益最大化,一些服装企业会与相关生产单位和流通单位以契约形式建立并维系一个商品供应网络。这种模式较产权维系型模式要松散一些,但因有合同约束,具有一定的稳定性。

第四,管理维系型管理模式。品牌服装企业做大做强到一定程度,会得到流通环节中其他组织的自愿依附,形成较为稳定的合作伙伴关系。

目前,在我国品牌服装业内,采用较多的是第三种模式,并且有综合采用第三种和第四种模式的趋势。

结合中国国内企业目前的供应链管理现状,给出一些国内服装企业在供应链管理方面的改进建议。

第一,应加强 IT 技术在服装品牌营销中的应用。

将电子数据交换传输系统更完善地投入到生产和营销运作中去,从真正意义上实现信息的收集、传送和分析的信息网络化。未来的服装品牌营销应基于 Internet/Intranet 信息网络,实现服装从设计概念开始到零售的整个供应链的信息交换。

第二,应加强与供应商等供应链各环节之间的联系与沟通,与它们建立起长久的战略合作伙伴关系。

品牌服装企业在选择供应链上各个伙伴时应考虑到整个供应链贸易关系的发展和提高,同时各成员应基于满足消费者的共同目标维护好彼此之间的协作关系。

第三,品牌服装企业在与供应链伙伴的合作过程中,应突出重点,集中力量抓好部分重点供应链伙伴。因此,品牌服装企业要特别加强与 20% 的重点供应链伙伴的合作关系。

第四,企业应加强物流管理,建立品牌营销配送中心。目前中国国内品牌服装企业的物流管理还仅仅停留在仓储管理的层面上,针对这种情况,可通过建立完善的信息网络,达到企业内的自营型配送或外包型配送的运作,使配送中心实现采购、配送订单的一体化处理,提高订货的准确性、配送的高效性和信息交流的畅通性,从而减少库存,降低成本,最终提高效益。

第二节 • 服装品牌营销分析与策划

一、服装品牌营销运行模式

服装品牌经营的模式主要可以归纳成两大类：一类为实体型品牌运作模式；另一类为虚拟型品牌运作模式。

（一）实体型品牌运作模式分析

企业集生产和销售于一体，由市场需求的识别出发到开发设计然后自主生产，最后通过渠道进行营销活动。早期的一些生产型企业一般都倾向于采用这种运作模式，专门从事服装的生产，同时配备少量的销售人员，进而推销自己生产的服装。随着企业的发展和市场竞争的需要，企业开始重视研究开发和产品设计，塑造自己的个性化品牌，再建立起营销网络，最后逐步发展成集设计、生产和营销于一体的实体型的真正意义上的现代服装企业。实施实体型品牌的运作模式要求企业拥有自己的服装加工厂和高质量的服装加工制作人员、质量监控人员，当然，品牌设计和品牌营销能力也是不可或缺的，这就需要企业具有较强的经济实力和一定的服装生产加工及质量管理经验。

（二）虚拟型品牌运作模式分析

虚拟型品牌运作模式与实体型品牌运作模式最明显的区别是将传统企业经营模式的中间去掉，只抓两头，企业不从事产品的批量生产。虚拟经营的关键有两个，即产品的设计开发与营销和网络建设。可见虚拟经营并非真正的虚拟，它同样需要进行市场分析，需要把握未来的市场需求趋势，并将顾客的需求转化为具体的产品式样和性能指标，还需要做品牌的形象建设、品牌文化建设、加盟店和整个网络的建设等。

虚拟经营对我国的大部分企业而言是一个新鲜的话题，真正引起人们关注的时间并不长。然而，事实上我们今天称为虚拟经营的企业经营模式，在国外早已存在。长期以来我们把虚拟经营更多地称之为特许经营、连锁经营。就服装行业而言，国外企业早就在做虚拟经营了，如我国出口的绝大部分服装打的大多是外国企业的品牌，国外的服装企业未拥有一家工厂，却能获得源源不断地打上它们品牌的产品，并以它们的名义销往世界各地。这些国外服装企业从事的就是一种服装品牌的虚拟经营。对虚拟经营的企业而言，产品的开发和设计非常重要，这是其成功的保证。虚拟企业必须有一批富有创意的设计开发人员，能不断地推出原创性的设计和产品，否则虚拟经营就非常危险。对虚拟经营企业来说重要的是品牌的运作。虚拟经营与传统的生产性企业不同，虚拟经营靠品牌的号召力、凝聚力来吸引消费者的光顾和购买。它最大的特点是以品牌为核心来开展企业的一切活动。如通过广告来提升品牌的价值，来演绎品牌的内涵，展示品牌产品的附加价值；通过消费者的着装来展示品牌的优良品质、独特风格、生活理念和生活方式。因此，产品的设计要符合品牌的文化和理念，加盟店选择要与品牌的形象和定位相协调等。对虚拟企业而言，品牌是企业最有价值的资产。虚拟型品牌运作模式由于放弃了服装品牌运作中资产占用最多的服装生产加工这一环节，能使企业的资本迅速扩张，并通过企业的营销网络，使产品快速占领市场，在短时间内把市场做大，成为服装业的巨头。

二、服装市场竞争者与合作者分析研究

（一）竞争者

时代在不断进步，竞争日趋激烈，如何对竞争者进行有效的分析和研究是摆在企业情报工作者面前的一个重要课题。建立框架非常重要，将杂乱的信息按照建立好的框架进行分类，这样就可以避免情报工作的盲目性，有的放矢地收集竞争对手的信息。

1. 平衡计分卡式的分析方法

平衡计分卡原本是从四个方面来考察企业的业绩，包括学习与创新、内部业务流程、客户与市场和财务。但一切皆可融会贯通，既然可以用平衡计分卡来考察一个企业的绩效，同样也可以用它的思想来分析竞争对手。其中有些信息是可以公开获得的，比如市场信息和财务信息，有些信息则比较难以获得，比如企业的内部业务流程的信息。内部业务流程方面的分析最好的方法就是采用标杆管理的方法来进行。标杆管理也叫作基准管理或参照管理。标杆管理的基本思想是以最强的竞争企业或那些在行业中领先和最有名望的企业在产品、服务或流程方面的绩效及实践措施为基准，树立学习和追赶的目标。通过资料收集、比较分析、跟踪学习、重新设计并付诸实施等一系列规范化的程序，将本企业的实际情况与这些基准进行定量化的比较和评价，在此基础上选取改进本企业绩效的最佳策略，争取赶上或超过竞争对手。

2. 波特的竞争对手分析模型

在企业常用的目标体系中，分析竞争对手的目标多是财务目标。这里我们不只是要了解它的财务目标，同时要了解它的其他方面的目标，比如对社会的责任、

对环境保护、对技术领先等方面的目标设定。

3.《中国经营报》团队开发的竞争力监测系统

《中国经营报》团队开发的企业竞争力监测系统也为竞争对手分析提供了一个比较完善的分析框架。在这套企业的竞争力监测系统中，设立了两组指标体系，一组是分析性指标体系，一组是显示性指标体系。显示性指标体系是企业竞争力强弱的表现，分析性指标体系是企业竞争力强弱的原因。企业可以根据自身行业的特点，参照竞争力监测体系，建立本企业的竞争对手分析的指标体系。通过对竞争对手的分析，可以找出本企业与竞争对手的差距，找出企业在市场竞争中的优势和劣势，从而更好地改进自身的工作。

（二）合作者

1. 渠道合作者

这是较早出现的一种合作方式，也即服装企业与中间商们更深层次的合作。这种对合作双方来说既可以充分利用共享对方的核心资源，又能够在市场影响和打击对手方面取得有利的地位。

2. 品牌合作者

品牌合作可以实现双方品牌资源利用的最大化。服装企业可以寻找拥有类似目标消费群的非服装企业一起合作，借助于品牌的合作在销售渠道实现互补。如有些知名服装企业与《时尚》和《瑞丽》等杂志的合作等。

3. 媒体合作者

这种合作方式更适合于刚上市的新品牌。传统的做法是通过媒体做广告或者是进行人员促销。但如今，一些企业与媒体的关系已经不再是单纯的买卖关系，而是变成了一种利益共存、休戚与共的合作竞争关系。

三、服装营销策略的运用

市场的不断变化和更新促使了服装企业在运用营销策略的应对上不得不灵活多变。

（一）销售渠道策略

1. 商场销售

商场销售主要体现在百货大楼、大型商场及超市中，大都采用代销、租赁等形式。租赁是指服装经销商租赁商店货柜台，派自己的销售人员销售自己的服装，而代销就是服装企业把自己的商品提供给商店，商店把商品销售给消费者后收取一定的费用作为活动的补偿代价。前者的弊端是不利于商店的整个形象和统一管理等，所以一些大中城市中的商场销售主要采用代销的形式。

2. 批发经营

批发市场主要是针对中、低档消费者的服装，目标对象并非市场的最终消费者，而是二级、三级批发商。这类市场的显著特点是销量大、价格低、利润少，但在经营过程中会出现较多的问题，例如产品的保修和售后等。

3. 连锁经营

连锁经营是指服装企业在一个城市或不同城市开设一个品牌的多个经营点。这种模式满足了部分消费者的需要，同时也为企业本身节约了库存成本，因为不容易造成货物积压，服装企业也可根据不同的城市和不同的要求对货物进行调剂。

4. 代理销售

代理商并不拥有产品的所有权，其主要利润来源是促成买卖之后从中获取的提成。代理商分为很多种，一般有制造代理商、销售代理商、采购代理商等形式。此种模式最大的优势在于可以降低销售成本，提高服装品牌销售的安全系数，提高服装品牌流行的信息可靠性，快速突破地方市场保护主义壁垒，加快产品的流通速度，具有融资的效能，能快速增加市场份额等。

5. 特许经营

特许经营是指一个持有特有产品，专利或品牌的企业（授权人）给予其他个人或企业（被授权人）在特定区域、特定时间内，采用授权人所支持的特有运作系统进入同一经营活动的权利。它不同于母公司与子公司之间的合同关系，也不同于同一母公司的两个子公司之间的合同关系，而是两个独立法人之间的一种契约关系。

6. 网络营销

网络营销的最大优势在于有计划地生产甚至零库存生产，实现网络营销是今后服装商贸经营活动的必然趋势。

网络营销具体又分为以下几种方式。

第一，电子邮件营销。企业通过购买邮件地址库将企业和产品信息通过电子邮件发送出去。

第二，文字链广告营销。写一段话，将这段话链接上企业的网站后放置在各大门户网站的相应板块，通过吸引用户点击来达到宣传的效果。

第三，搜索引擎结果文字链营销。目标比较集中的一种方式，例如用户在搜索引擎上搜索"服装"，出来的结果便都是与"服装"相关的企业。

第四，网络图片广告营销。网络图片广告牌，与报纸、杂志等传统媒体上的广告很类似。

（二）服装促销策略

促销的手段在目前服装企业激烈的竞争中起到了举足轻重的作用，对于企业建立品牌形象和巩固市场占有率有一定积极的正面作用。

促销的途径有很多种，常见的有以下一些。

第一，广告。这是最常见的促销方式，它包括电视广告、电台广告、流动广告、网络广告等。它能将企业所阐述的品牌思想和文化最立体、最灵活、最生动地展现在消费者面前，收到的效果也是最长远、最深刻的，但反之亦然，企业如果没有恰如其分地通过这一途径表达出它的内蕴，将会造成适得其反的效果。

第二，媒体。这是较为权威和官方的促销方式，尤其是当没有客户基础的新品牌面世时，利用媒体的公信力和号召力能很快地在消费者心目里留下正面的印象。常见的媒体宣传方式是举办时装发布会。

第三，商场促销。这应该是最为直接、见效最快的方式，如许多服装公司利用节假日举办一些特别活动来吸引消费者，在商场及各地举办的小型时装表演，向消费者及销售商介绍公司在季节中的整个系列产品，总之都是为了扩大服装品牌的知名度，给消费者以强烈的刺激，使其加深对该品牌的印象。为企业的品牌能成为名牌创造了机遇，同时也产生长远的效益。

（三）企业形象识别与 CIS 策划

CIS，是 corporate identity system 的缩写，即企业形象识别系统，是对 CI 进行运用的一种系统方法，通过传送系统，将企业的文化理念传达给社会大众及内部员工并获得他们认同的一种方法系统。

1. MI

MI（mind identity）表示企业理念识别，包括企业使命、企业精神、企业准则以及活动领域等。它是 CI 的宏观指导思想以及其他方面内容的决定性因素。

2. BI

BI（behavior identity）表示企业行为识别。它是企业 CI 理念的活动执行，是 CI 外化的最主要的表现形式之一，也是事关企业设计成功与否的关键所在。BI 是 MI 的落实。

3. VI

VI（visual identity）表示企业视觉识别。它是 CI 的静态变化，是一种具体化、视觉化的符号识别传达方式。它是将企业理念、企业文化、服务内容、企业规则等抽象语言以视觉传播的手段，将其转换为具体符号概念，直接刺激人们的视觉神经，在人的大脑里迅速形成记忆。

VI 的设计原则有以下两方面。

第一，目标性原则。不同的阶段追求不同的外部形象目标。

第二，普遍性原则。符合当地的风俗习惯，为消费者所接受，同时具有清晰的可读性和辨识性。

4. AI

AI（audio identity）表示企业听觉识别。它是最晚引进 CI 里的一个内容，是根据人们对听视记忆比较后得出的一种 CI 方法。

AI 包括主题音乐、标识音乐、广告导语、广告音乐和商业名称等。它是以听觉的传播力来感染媒体，彰显个性。

5. 品牌营销策划的步骤和方式

（1）步骤

品牌营销策划是一种全息的运动，它的五大工具为系统论、信息论、控制论、全能论和全息论。品牌营销策划的程序可以分为以下六个步骤。

第一，确定目标。目标是前进方向的指明灯，它是根据所研究的具体问题确立的，这就要求具体问题具体分析，明确指出问题就等于解决了问题的一半。从品牌营销策划的特点出发，在确定目标的过程中，应注意集中体现品牌的主题意识，同时要打破思维的束缚，用辩证的眼光求解，在给定的条件和约束的限度内，制订出合理可行的目标。

第二，收集分析信息资料。信息与材料、能源被称为现代经济发展的三大支柱，品牌营销策划必然要与社会有密切的信息交流。信息开发的水平，决定着策划的水平，而信息开发的现代化和分析推理的科学化，是提高策划水平的基础性工作。信息开发和推理从逻辑思维的角度可以分为归纳法和演绎法，但不管用什么方法，获得需要策划企业的第一手信息资料是至关重要的。

第三，制造创意。有组织的创意是策划的核心，它不仅仅要依靠个人的"灵感"，更是一种可以组织并且需要组织的系统性工作。创意过程应遵循以下六条内在基本原理。

① 综合择优原理——要选择最可操作又最能实现意图的创意，这样才能使策划的整体功能最优化。

② 移植原理——客观事物大都相似，通过"相同加变异"，好的思想可以启发出新的创意。

③ 组合原理——创造性就在于用新的方法组合旧的元素。

④ 逆反原理——即逆向思维，按照事物的对应性、对称性去构思，以实现创造意图的目的。

⑤ 系统原理——这是策划者不可或缺的一条原理，它要求策划者要高瞻远瞩、深谋远虑，能用系统的联系观、层次观、结构观、进化观来分析事物的演变，能够从整体上把握和驾驭全局。

⑥ 裂变原理——如同原子核可以裂变一样，创意也可以裂变，而且这种裂变是无限的。

第四，确定方案重点。任何一套营销方案都应该有着重突出的点，策划者们应该选定一个营销活动的重心并将其充分体现到最终的策划意念中，只集中优势和主要力量开展营销计划，才会取得最有效的成绩。

第五，动态修正。一套完整成功的营销方案不是仅凭孤军作战就可以完成的，需要团队根据市场和消费者的反应不断深入研究和探讨，在此基础上对方案不断修正并完善。

第六，测试并落实。这是整套营销策划的大结局，策划方案完成后却不落到实处是最可惜的，但在落实之前企业应先在小范围的地区内进行测试，这样可以减少风险和成本，如果小范围内的反应很好，便可以在目标市场内大展拳脚。

（2）方式

下面是归纳的几种较常用且有效的品牌营销策划方式。

第一，独特销售主题。所谓独特销售主题就是在宣传产品的过程中，利用本产品与其他产品相比较所具有的最独特优势进行宣传，以使广大顾客对此产品留下深刻印象进而促进购买行动。

第二，名人推荐效应。顾名思义，就是邀请知名或者权威人士对产品进行评估和宣传，这种方式在某一层面上能增加消费者的信任感。

第三，质量取胜方式。靠质量来进行品牌营销策划，在营销上投入相对较少，它主要是通过"口碑"，通过人际传播取得顾客的信任。

第四，大力宣传方式。在产品标准化明显的现在，哪个产品的宣传做得好，能打动消费者，强大的宣传攻势能强化消费者的记忆，该产品就会在消费者头脑中打下深深的烙印。

第五，综合方式。企业为了创造品牌，在营销策划时，不是采用单一的方式，而是综合运用以上几种方式或其他方式的任意组合，以取得更好的效果，这种方式在实际中应用得比较多，是行之有效地进行品牌营销策划的好方法。

第三节 • 服装品牌营销渠道的特点

营销渠道关系着品牌服装企业经营效率和竞争力的提升，而日益激烈的市场竞争对品牌服装销售渠道的整合也提出了更高的要求。

伴随着主体市场及中高端品牌服装市场竞争的日益激烈，在服装品牌的营销上就要求更加深入和细致化，以提高市场资源的可控程度。营销渠道关系着企业经营效率和竞争力的提升，因此，对品牌服装营销渠道的整合提出了更高的要求。

一、服装品牌营销渠道的特点

品牌竞争就是以品牌形象和价值为核心的竞争，是一种新的竞争态势。品牌服装营销渠道的特点包括以下几点。

第一，销售渠道是品牌营销战略的重要环节，也是企业的重要资产之一，是企业将产品向消费者转移的过程中所经过的路径，包括企业自己设立的销售机构、代理商、经销商、零售店等相关部分。

第二，商品和服务能否快捷、顺畅地到达顾客手中，渠道发挥着越来越大的作用。而制衣业是流行性和季节性很强的行业，渠道的顺畅尤显重要，因此，品牌营销渠道的建立对企业的长远发展至关重要。

第三，不同行业、不同产品、不同规模的企业，销售渠道的形态都不相同。企业可以在短时间内向市场推出一项新产品，却不能在短时间内建设好渠道，而没有好的渠道同样不能使销售取得成功，所以渠道影响制衣企业的竞争力，关系着制衣企业的兴衰成败。

二、品牌服装营销渠道整合的策略分析

（一）建立经销商与企业合作的市场运作机制，降低营销风险

建立经销商与企业合作的市场运作机制，主要目的在于"弱化一级市场，强化二级市场，共同合作管理终端"。品牌服装企业在激烈的市场竞争中，必然将扩大与经销商的合作开发，积极降低营销风险，主动寻求市场制高点。企业与经销商的合作不仅表现在信息提供与利用方面，更应强调营销战略层面的协调和互利。企业不仅要制订经销商渠道建设的具体实施和执行层的措施，而且应与经销商共同建立企业营销渠道，制订合作、发展的中长期规划，注重将企业发展与营销渠道结合起来，通过建立完善的营销渠道降低营销风险，保证企业的长期发展和盈利。

（二）增加营销渠道的多样性，减少营销成本

采用品牌专卖店和连锁加盟店等形式能够拓宽营销渠道，抢占市场先机。特别是发展连锁经营，能够通过规模化采购和网络化销售连接制造商和消费者，有效衔接生产和需求环节，在减少企业营销成本的基础上充分满足市场需求。连锁经营的多点布局从外延上拓展了企业的市场范围，有助于提高企业的市场占有率。连锁经营企业对商品实行统一管理，对降低流通成本、进货价格、经营费用也具有重要作用，最终将不断提高企业经济效益。

（三）构建动态营销渠道体系，优化营销策略

动态的品牌服装营销渠道本质上是一个循环过程，其更强调信息反馈的作用，企业从中间商和消费者处得到的反馈信息将直接影响和决定企业营销策略的制订和具体的实施。营销渠道体系的构建要求企业在充分考虑影响营销渠道的诸多因素的前提下，以利益最大化的原则，结合企业自身特点和行业发展趋势等构建适合企业发展的营销渠道。因此，品牌服装企业要在认真分析服装业发展的背景下，分析企业自身的特点，设计较为科学合理的动态营销渠道。例如，品牌服装企业可以借鉴目前较为先进的有关特许经营的成功营销模式，引入灵活的特许经营模式，设计有效激励受许人的相关机制，充分发挥信息反馈的作用，通过特许经营树立品牌形象，扩展营销新渠道。在全球经济一体化的进程中，品牌服装企业必须掌握现代企业营销渠道模式的发展趋势，加快实现由传统营销渠道向现代营销渠道的转变，积极整合本企业的营销渠道模式，以利于增强企业的市场竞争能力，最终实现企业的持续发展。

第四节 • 服装品牌营销创新

一、服装营销的发展趋势分析

（一）服装产品发展趋势分析

随着竞争的加剧，一部分技术力量较强、设备较先进、资金较雄厚的大中型企业将新增的生产能力相对集中在部分服装的重点生产上。剩下一小部分生产力相对薄弱的小企业则会侧重于开拓特色服务，它们挖掘市场空隙，力求做出自身特色。但总的来讲，未来大部分的服装生产会继续沿着数量扩张和质量提高两个方向双向发展。这里质量是个综合名词，包括了企业形象、品牌特色、服务方式、

宣传方式、市场触觉和市场营销等元素。因为我国的劳动力优势、原料成本优势日趋减弱，更多的企业不得不将目光聚焦在产品质量、企业形象、品牌特色、售后服务上。品牌的市场占有率被放在最高位置。

（二）服装产品营销趋势分析

未来的服装营销将更强调服装品牌特色，以品牌的积极效应来提高市场占有率。由于服装行业特殊的季节性限制，因此早前很多企业盲目投入到"打折竞争"中。如今大部分的企业已从这种非正常竞争渠道中脱离出来，它们在保证相对的价格优势的同时，更加注重挖掘自身的特色。未来会有更多的企业从"特色"入手去抢夺消费者，在设计、材质、配饰、款式、颜色等方面注重突出企业的可识别性品牌特征。

（三）服装销售渠道趋势分析

服装市场发展的互动性迫使厂家与消费者必须进行更直接更快捷的沟通。有的采用了直接面对消费者的形式，如定做、邮购等，并采用有针对性及更加贴近消费者的服务；更多的厂家选择以专卖或专柜的形式直接入驻消费市场。这样一方面减少了中间商对利润的分享，降低了成本消耗；另一方面由于及时准确地得到销售信息反馈资料，有效地提高了对生产的控制能力。服装的库存通常是服装销售的难题。随着互联网的出现及广泛应用，信息的高速化和高度共享，各大厂家通过对网络的利用，大大加快对库存的控制，提高了流通速度。网络营销作为一种新兴的销售形式正进入人们的生活。这种互动性极高的形式很好地协调了供需关系，在以后会越来越得到大家的认可。

二、服装品牌扩张

复杂多变的市场现状决定了单一模式的品牌无法满足大多数消费者的需求，局限了企业及品牌的发展空间和市场占有份额，因此经营者需要通过多元化的品牌扩张来扩大产品范围，不断发展新品牌，拓展新空间，而不是守着一个品牌打天下。品牌扩张的方式有三种，分别为品牌延伸、品牌拓展及品牌并购。

（一）品牌延伸策略

品牌延伸指以一个单一的品牌为基点扩展为相互关联的品牌家族。当企业超过现有的范围来增加它的产品线长度，即称之为产品线延伸，这种延伸包括向下延伸、向上延伸和双向延伸。由于多个品牌同时瓜分同一市场且市场定位相似，所以品牌与品牌间容易产生互动效应最终形成一个强大的品牌群。多品牌的渗透能加强品牌的市场竞争力，使该市场的竞争加剧，从而有效地阻止其他品牌的进入。该策略适合于流行性强的产品，如时装、化妆品等。

（二）品牌拓展策略

品牌拓展与品牌延伸类似，也是在原有品牌成功的基础上开发新的品牌，不同的地方在于品牌延伸出的品牌在名称或风格定位上都有一定的关联性，而品牌拓展通常会表现得比较丰富多变，品牌相互之间具有独立的品牌形象和风格。因此品牌拓展属于斜扩张，即通过树立强势品牌并利用该品牌的市场号召力，从而形成新的品牌线或产品线。由于每个品牌有不同的风格，因此多元化品牌策略，可以满足不同风格消费者的需求，相对扩大了市场占有率。

（三）品牌并购策略

近年来服装企业的兼并与收购有愈演愈烈之势，从国际形势看，世界著名服装企业正以迅雷不及掩耳之势实现跨国并购，目的是利用多元化的品牌经营抢占市场份额，最终进行行业的大整合。品牌并购的优势是能在很短时间内使一个企业创立起有国际声誉的大品牌，这一点是品牌延伸和品牌拓展很难在短时间内实现的。

时装发展到今天，传统的品牌营运模式已不能完全适应市场的需求和激烈的竞争，因此，进行品牌的扩张无疑是提升市场竞争力的一种较为有效的手段之一，然而无论是品牌延伸、品牌拓展还是品牌并购，都必须因地制宜、量力而行。

三、品牌创新

创新是企业争夺市场份额、扩大生存空间的有力武器。其中品牌的再创新尤其重要，因为它是企业维持品牌的基石。任何事物都有一定的盛衰周期，兴旺和衰败都不是永久的，品牌在市场上的地位也不可能一成不变，它有着自己出生初创、成长发展和成熟拓展的过程，只有不断为品牌注入新鲜的力量才能更好地维持品牌地位，使其具有旺盛的生命力，防止其在成熟拓展期后步入退化衰败期。事实上，不变的产品永远无法满足常变的消费者的需求，这一点不只适用于服装品牌，几乎所有的品牌运作都应该遵从这一点，比如可口可乐、麦当劳、Levi's，就连最不适合变化的法国白兰地和英国威士忌也在种类、包装和等级上不断推陈出新、变换花样，这样的品牌在消费者心目中才能青春永驻、经久不衰。

品牌创新策略可以归纳为以下几种。

第一，进军新市场。产品步入成熟期后，再开发新的东西已相对较困难，此时应将原有品牌的无形资产移植到新的具有发展潜力的市场领域，赋予品牌以更新更丰富的内容。

第二，增加附加价值。当品牌资产强大到一定程度后仍受到众多竞争者的挑战,其已无法从品牌特质上的优势去压倒对方,这种情况下,应考虑向消费者提供意想不到或独树一帜的服务和特色。增加新的附加值,找出能吸引消费者的与原有产品有充分的联系,以便能产生实际利益的产品扩展。在品牌的成熟阶段,这是一个能刺激消费者购买欲的好方法。

第三,为品牌重新定位。为品牌重新定位的关键是把握"产品与消费者"。具体又分为以下两种情况。

其一,以产品的独特性为品牌定位,如可口可乐、麦当劳之类,这种策略下,需要去确定品牌的卖点,可从营销组合也就是名称、广告、价格、研究、渠道及产品范围等方面来区分。

其二,以产品的特殊消费群来进行品牌定位,如鳄鱼服装和万宝路香烟,需要找出目标消费群,不同的消费群会有不同的需求,进而形成细分市场,由具有不同特殊功能的品牌来满足。

品牌创新的方式还有很多,但关键要认识到在创新品牌的过程中,目标不仅仅是产生附加价值,而且要把它建立在包含进步的认识活动、加强的质量感觉、改变的联想、扩大的消费者基础和提高的顾客忠诚度这些基础上。

另外,品牌的变或不变,应与消费者的习惯、偏好、变化严格同向和同步。因此企业除了将品牌变化的内容和形式告诉消费者,同时也要倾听消费者的反馈意见,这种双向沟通的方式不仅可以增加企业与消费者之间的情感,也能提高消费者对品牌的忠诚度,更能随时掌握消费者需求的变化以做出及时的应对策略。

四、市场创新

所谓市场创新,是指涵盖了产品策略、渠道策略、价格策略以及服务网络构架等一系列内容的过程,品牌创新正是通过市场创新来实现的。在已加入世贸组织的今天,国内外市场竞争日趋激烈的新形势下,市场的创新开拓已成为摆在企业面前的严峻考验。

首先,企业在进行市场创新前应对目标市场的民风习俗进行正确的分析。民风习俗是社会发展中长期沿袭下来的礼节、习惯的总和。不同地域、不同民族都有不同的文化背景、习俗和信仰。习俗的需求影响消费行为,迎合习俗,可给企业带来更多的营销机会。

其次,企业应避开目标市场的禁忌。市场上的禁忌出人意料、无奇不有,这也是影响消费者行为的重要因素。因此企业在进行市场创新的同时应把握好对这些禁忌的考证。

最后,企业应研究目标市场的消费喜好。由于文化的差异,不同地域的消费者对商品的态度和价值观会有不同程度上的差异,这种差异会导致消费者的购买行为表现出不同的特点。

除以上三点之外，与目标市场法律接轨、与目标市场的微观实际合拍等都是进入目标市场所不容忽视的，当然，顺应目标市场的变化也很重要。

总之，企业对市场的创新必须重视本土研究，做到"入乡随俗"，才能富有成效地开拓市场空间，树立品牌个性。

五、营销创新

产品是基础，市场是舞台，营销才是最重要的手段，因此营销创新在整个创新过程中扮演着不可忽略的角色。

（一）环境营销

地球所面临的最严重问题之一，就是不适当的消费和生产模式导致环境恶化、贫困加剧和各国发展失衡。

经济的腾飞和社会的进步促使人们开始更多地关心消费和生产中的环境代价，呼唤既无污染又有益于健康的绿色商品，"可持续发展""绿色消费""绿色营销"的概念渐入人心。这种情势下，企业若想要达到合理的发展，必须要提高生产效率并改变消费习惯与结构，最高限度地利用资源，最低限度地生产废弃物。所谓环境营销便是指企业在经营战略制订、市场细分与目标市场选择、产品生产、定价、分销、促销过程中，注重自身利益与社会整体利益的协调统一，在此前提下取得企业利益的一系列经营活动。

谈到环境营销，就不得不提到 ISO 14000 环境管理标准。

第一，ISO 14000 系列标准强调全过程的环境管理与控制，实施这一标准，可以加速产业结构的调整，鼓励企业积极开发无毒、无污染的产品，节约原材料和能源的新工艺，为实施全程控污染和清洁生产提供程序上的保障。实施此系列标准，不仅可以促进企业节能、降耗、降低成本，同时还可以降低污染物的排放量，减少污染事件的发生，减少环境风险和环境费用开支，为企业主动保护环境创造了条件。

第二，现代企业进行 ISO 14000 环境质量管理体系认证，有效进行绿色营销，有利于提高企业及其在市场的竞争力，促进国际贸易。综上所述，环境营销体现了企业适应消费者利益和人类共同愿望，建立人类与大自然对立统一的协调机制，代表了企业生存发展与企业行为的未来方向。对企业来说，发展绿色产品和绿色产业是其发展的必然选择，因为它是保证环境与发展相协调的战略。

（二）网络营销

网络营销是今后服装商贸经营活动的必然趋势，可以通过电子广告的形式进行产品宣传和产品预告，签署电子订单，做到有计划生产，甚至"零库存营销"。

有足够规模的企业可利用 Internet 建立全国乃至全球性的虚拟专用销售网络，实现物流与资金流的统一。

网络营销的优势有以下几点。

第一，直接性通过网络，企业可以直接了解到顾客的需求，这样可以避免信息传递的扭曲和失真，同时层层的中间商被摆脱，企业生产成本降低，原本分摊到中间商的高额利润可让利给消费者。

第二，快速性消费者对自己想购买的服装主动选择，并直接参与产品的决策，企业则根据购物请求以及相关数据进行定制化生产，这期间，两者之间的信息以最快速度通过网络传递。

第三，多样性企业可以通过网络实现丰富立体的产品主题，积极向公众传递时尚信息，除了可以获取经营利润，更可以确立企业良好的社会形象，并赢得更多的消费者。

总之，将虚拟现实技术与网络技术融入销售的环节中，建立面向顾客的销售系统，使顾客的需求得到有效快速的回应，能够大大提高企业的竞争力。

（三）整合营销

整合营销传播是一个业务战略过程，它用于计划、制订、执行和评估可衡量的、协调一致的和有说服力的品牌传播方案。早期的整合营销传播以促销和传播的整合为重点，即通过各种传播活动为企业形象及其品牌实现"一种形象和一个声音"的成功创建。随着营销理论和实践的发展，整合营销传播从一种协调和联合各种传播要素的战术性传播管理方法发展成为企业战略管理工具，从消费者的角度出发，整合营销传播是把品牌等与企业所有接触点作为信息传递渠道，以直接影响消费者的购买行为为目标；从企业的角度来看，就是通过广告、推销、公共关系等多种手段传播一致整合的信息。

整合营销传播对于国内服装企业具有一些独特的优势，具体包括三个方面。

第一，实现传播效果最大化。整合营销传播可以让服装企业学会协调和使用多种传播方式，包括产品开发、广告、促销、直销和公共关系等所有的传播工具，从而更加有效地实现企业的商业目标。

第二，实现目标导向的观念。整合营销传播促使企业在实践中必须对传播对象和手段进行认真的分析，这意味着把包括所有营销活动和传播活动的焦点尽可能移向目标导向的观念。

第三，实现营销成本的降低。这是最大的一个优势，目前中国大多数服装企业的规模较小，经济实力也较弱，此时尤其要对营销传播活动进行优化组合，企业的组织成员、业务活动和组织能力都会有所改善，通过对资源的合理分配以降低营销成本。

在品牌成败关系企业生死的今天，在品牌竞争激烈、寸土必争的服装行业，每一家服装企业都应认真考虑并积极实践先进的品牌资产管理理论,要通过正确而有效地运用整合营销传播建立并长期维持与各利害关系者间的良好关系,在品牌经营活动中最大限度地反映利害关系者的意愿和希望。

六、服装网络营销

(一)网络营销的内涵及特性

1. 网络营销的兴起

以网络为主的现代信息和通信技术的迅猛发展,在全球范围内掀起了网络经济的大潮。面对网络经济、信息时代的巨大挑战,网络营销也日渐兴起,它不仅涉及传统企业,更涉及新型的最前沿的商业公司。网络营销是数字经济时代企业生存发展的必然战略选择。

网络营销的兴起,主要基于两个因素的作用:一是现代信息技术的迅猛发展,这是网络营销发展的助推器;二是市场和消费者行为的变化,这是网络营销发展的原动力。

(1)网络营销兴起的技术背景

第一,数字化、计算机技术解决了信息符号的载体和信息处理问题。

第二,数据库技术解决了信息的存储和检索问题。

第三,网络技术解决了信息的传输问题。

第四,电子商务技术解决了信息价值交换的手段问题。

随着电子商务基础结构的确立,信息资源开发利用的利益驱动机制得到了确立。

(2)网络营销兴起的社会背景

随着现代信息和通信技术的进步,传统的市场营销环境发生了较大的变化,主要体现在以下几个方面。

第一,市场的全球化、一体化。可以说,数字计算技术与信息网络技术的飞速发展是当今世界经济全球化的根本动力。连接世界各国的信息网络使全球形成了紧密的统一大市场,经济活动的国内与国外的界限变得模糊。货物、服务、资本、劳力、信息等可以迅速、灵活地在世界范围内流动。这使得传统的贸易方式发生了巨大的变化,企业的触角开始伸向全球各个国家和地区,企业可以在世界范围内的任何地方发掘市场资源,并精确迅速地满足需求,从而促使企业全球化营销战略的实施。

第二,市场的多样化、个性化和时变化。原有的以商业为主要运作模式的市场机制部分地被基于网络的信息经济所取代。信息技术的采用使沟通的能力大大增强，速度也大大加快，市场趋于多样化，不同的企业以其特有的营销方式千方百计地吸引顾客。由于网络双向和动态特点，市场更为个性化和时变化，交易更自由，更追求速度。

第三，供给与需求更紧密的结合。在传统经济下，供求双方相互独立，二者的结合需要经过诸多环节。在新的信息经济条件下，双方的结合更为简单流畅，这主要表现为：供求结合环节的信息化——信息经济条件下，各种相关信息贯穿交易整个过程始终，极大地方便了供给与需求的结合；供求结合环节的抽象化——与传统经济相比，信息经济条件下供求结合的一些环节被抽象化了，最典型的就是交易磋商环节。由于供求双方标准化的信息发布，交易双方的磋商过程被大大简化；中间商作用的变化——供求双方交互式的直接沟通关系，使得中间商的职能和作用发生巨大变化。

第四，市场竞争更加广泛和激烈。传统经济中，生产与消费脱节，或是造成市场的巨大波动，或是造成短缺和浪费的并存，企业进出市场的成本相对较高。信息技术的发展，从根本上缩短了中间路径（如生产与消费之间的时间路径、空间路径、人际路径），信息的大量传播流动降低了市场进入的壁垒。市场准入与出清的简洁和低成本，使得竞争日益激烈，而低成本扩张更加速了市场竞争的进程。

第五，经济规则作用的变化。与传统经济条件下生产者报酬递减以及消费者效用递减的基本法则相反，新经济具有使生产者的报酬递增与消费者的效用递增的性质，这使得新经济中的价格决定完全不同于传统经济中的价格决定。

传统经济中，商品的价格越高，需求会越少，但在新经济下，一种商品或服务的价格随着用户数量的增加而剧增，而这种价格的剧增反过来又吸引更多的用户，从而产生了多重效益，即新经济的"外部性"。一个产品或服务的价格取决于已经使用该产品或服务的其他人的数量。这在名牌消费、信用消费、网络消费中极为常见。

除了"外部性"，新经济中还存在"反向定价法则"与"慷慨法则"。"反向定价法则"是指传统经济中，产品质量的提高总会使该产品价格上涨，而新经济条件下，随着产品质量的提高，该产品的价格每年都在下降。"慷慨法则"是指传统经济中，需求与供给弹性不大的产品，其价格也很稳定，但在新经济条件下，一旦某种产品的价值和不可或缺性形成，厂商几乎都会免费提供或近乎免费提供，厂商的利润在于与其同时销售的服务。

2. 网络营销的内涵

网络营销是随着网络的产生和发展而产生的一种新型的营销方式。广义地说，凡是以互联网为主要手段进行的、为达到一定营销目标的营销活动，都可称之为网络营销。它是利用因特网技术和功能，最大限度地满足客户需求，以达到开拓市场、增加盈利为目标的经营过程。

网络营销作为新的营销方式和营销手段实现企业营销目标，它的内容非常丰富。一方面，网络营销要针对新兴的网上虚拟市场，及时了解和把握网上虚拟市场的消费者特征和消费者行为模式的变化，为企业在网上虚拟市场进行营销活动提供可靠的数据分析和营销依据。另一方面，网络营销在网上开展营销活动来实现企业目标，而网络具有传统渠道和媒体所不具备的独特的特点：信息交流自由、开放和平等，而且信息交流费用非常低廉，信息交流渠道既直接又高效，因此在网上开展营销活动，必须改变传统的一些营销手段和方式。网络营销作为在网络上进行营销活动，它的基本营销目的和营销工具是一致的，只不过在实施和操作过程中与传统方式有着很大区别。

下面是网络营销的一些主要内容。

（1）网络市场调查

主要利用网络的交互式的信息沟通渠道来实施调查活动。它包括直接在网上通过问卷进行调查，还可以通过网络来收集市场调查中需要的一些资料。利用网上调查工具，可以提高调查效率和调查效果。网络作为信息交流渠道，它成为信息海洋，因此在利用网络进行市场调查时，重点是如何利用有效工具和手段实施调查和收集整理资料，获取信息不再是难事，关键是如何在信息海洋中获取想要资料信息和分析出有用的信息。

（2）网络消费者行为分析

网络用户作为一个特殊群体，它有着与传统市场群体中截然不同的特性，因此要开展有效的网络营销活动，必须深入了解网上用户群体的需求特征、购买动机和购买行为模式。网络作为信息沟通工具，正成为许多兴趣、爱好趋同的群体聚集交流的地方，并且形成一个特征鲜明的网上虚拟社区，了解这些虚拟社区的群体特征和偏好是网上消费者行为分析的关键。

（3）网络营销策略制订

不同企业在市场中处在不同地位，在采取网络营销实现企业营销目标时，必须采取与企业相适应的营销策略，因为网络营销虽然是非常有效的营销工具，但企业实施网络营销时是需要进行投入的且是有风险的。同时企业在制订网络营销策略时，还应该考虑到产品周期对网络营销策略制订的影响。

（4）网络产品和服务策略

网络作为信息有效的沟通渠道，它可以成为一些无形产品如软件和远程服务的载体，改变了传统产品的营销策略特别是渠道的选择。作为网上产品和服务营销，必须结合网络特点重新考虑产品的设计、开发、包装和品牌的产品策略，如传统的优势品牌在网上市场并不一定是优势品牌。

（5）网络价格营销策略

网络作为信息交流和传播工具，从诞生开始实行的自由、平等和信息免费的策略，因此市场的价格策略大多采取免费或者低价策略。因此，制订网上价格营销策略时，必须考虑网络对企业定价影响。

（6）网络渠道策略

网络改变了传统渠道中的多层次的选择和管理与控制问题，最大限度降低了渠道中的营销成本。但企业建设自己的网上直销渠道必须进行一定投入，同时还要改变传统的整个经营管理甚至生产模式。

（7）网上促销策略

网络作为一种双向沟通渠道，最大优势是可以实现沟通双方突破时空限制直接进行交流而且简单、高效和费用低廉。因此，在网上开展促销活动是最有效的沟通渠道，但网上促销动开展必须遵循网上一些信息交流与沟通规则，特别是遵守一些虚拟社区的礼仪。

（8）网络营销管理与控制

网络营销作为在网络上开展的营销活动，它必将面临许多传统营销活动无法碰到的新问题，如网络产品质量保证问题、消费者隐私保护问题，以及信息安全与保护问题等。这些问题都是网络营销必须重视和进行有效控制问题，否则网络营销效果或适得其反，甚至会产生很大的负面效应，这是由于网络信息传播速度非常快，而且网民对反感问题反应比较强烈而且迅速。

3. 网络营销的特征

（1）网络营销的优势特征

网络营销能在如此短暂的时间里风靡全球，源于网络营销具有传统营销无法相比的特点，这些特点也是网络营销的优势所在，归纳起来有以下几点。

第一，交互性特点。网络具有一对一的互动特性，这是对传统媒体面对大量"受众"特征的突破。访问者在浏览 Web 页面时，能够在线提交表单或发送 E-mail，企业与客户可以进行实时在线会议等，这些网络特有的功能使企业能够在很短的时间里与客户进行交流，并根据客户的要求和建议及时做出积极反馈。从营销的角度讲，网络上生产者和消费者一对一地互动沟通，生产者了解消费者的要求、愿望及改进意见，将工业时代大规模生产导致的大规模营销改进为小群体甚至个体营销，根据消费者意愿提供小批量、特性化的商品和服务，以满足消费者价值取向，迎合消费者各异的多元化生活方式，真正实现了消费者的个性回归，迎合了现代营销观念的宗旨。

第二，广泛性特点。目前，全球几乎所有的国家和地区都已接入了互联网，网络提供了一个真正意义上集中所有的生产者和消费者的世界市场。网络既是信息资源的海洋，又是商家展示自己的数字广告媒体，受众范围极广，选择余地也更加广阔。一个站点的信息承载量可以大大超过公司印刷宣传品所传递的信息，无时间、地域限制。从这一角度看，无论是大型企业还是中小型企业，或者是个人，可以从因特网上获得的商机都是无限的。

第三，经济性特点。在传统的营销方式中，大量的人力物力资源耗费在这些中间环节和渠道上，网络营销利用网络使交易过程的中间环节和渠道日益成为多余，互联网广告的发布次数和效果均可以由技术手段精确统计，极大地降低了企业成本，提高交易效率，优化全球范围内的资源配置。

第四，针对性特点。在网络上，企业的潜在客户不会被动地接受任何对他们而言没有价值的信息，网络商业信息到达受众的准确性高，因为受众会选择他们真正感兴趣的内容来浏览。在BBS和新闻组里也一样，上网用户只会对他们真正有兴趣的产品或论题进行积极讨论。目前已经出现了可以分析网站访问者的喜好、精确定位投放广告的技术，准确到达目标受众。

第五，实时高效性特点。网络极大地缩短了企业与客户沟通和贸易的进程。企业在通过网络进行商业应用时，可能会针对市场变化经常有一些策略调整，商业站点的结构也会有调整。因为网络没有时间、地域的诸多限制，站点结构调整实现起来也就很轻松。网络广告可以集各种传统媒体形式的精华，通过统一的标准和格式在各相关部门的计算机间任意交换、传输和自动处理。这种精确、快速的方式，省时省事，提高了效率，从而达到传统媒体无法具有的效果。

（2）网络营销劣势特征

网络营销在快速发展的同时，相比传统营销也存在不少劣势特点，归纳起来有以下几点。

第一，缺乏信任感。互联网的开放性使得任何人、任何企业都可以以极低的成本在互联网上发布、传播信息，从而也造成了网上的信息鱼龙混杂，正规的企业营销信息和各种充满欺骗性、违法的信息掺杂到一起，让消费者无从识别，自然降低了消费者对正规网上商业信息的信任感，影响到企业营销目标的实现。

第二，技术问题。无论是对于从事网络营销的企业，还是对于普通消费者来说，都有一个技术问题需要克服。网络营销人员需要掌握相关的网络技术，必要时还需将某些业务交给外部服务企业来做，消费者也需要熟练掌握相关的网络知识。目前，这两种情况都增加了企业网络营销目标的困难。

第三，安全性问题。安全性问题也同样困扰着企业和消费者。企业网站存在被攻击的风险，消费者的个人重要的信息，如银行账户和密码等存在被泄密的危险。

第四，缺乏生趣。由于个人习惯和兴趣不同，对于那些视逛街购物为乐趣的消费者（尤其是女性消费者）来说，网络购物无疑是缺乏乐趣的。如何抓住这部分消费者，目前网络营销界还没有找到很好的解决办法。虽然存在许多不尽完善之处，但是，网络营销对于中小企业来说，仍然表现出其特有的价值和吸引力，成为新经济时代中小企业营销体系的重要组成部分。随着技术的发展，其影响将会越来越大。

4. 网络营销的冲击

网络营销作为一种全新营销理念,具有很强的实践性,它的发展速度是前所未有的。随着我国市场经济发展的国际化、规模化,国内市场必将更加开放,更加容易受到国际市场开放的冲击,而网络营销的跨时空性无疑将对传统营销产生巨大影响,主要表现在以下几个方面。

(1) 对传统营销方式的影响

随着网络技术迅速向宽带化、智能化、个人化方向发展,用户可以在更广阔的领域内实现声、图、像、文一体化的多维信息共享和人机互动功能。"个人化"把"服务到家庭"推向了"服务到个人",正是这种发展使得传统营销方式发生了革命性的变化。它将导致大众市场的终结,并逐步体现市场的个性化,最终应以每一个用户的需求来组织生产和销售。

另外,网络营销的企业竞争是一种以顾客为焦点的竞争形态,如何与散布在全球各地的顾客群保持紧密的关系并能掌握顾客的特性,再经由企业形象的塑造,建立顾客对于虚拟企业与网络营销的信任感,是网络营销成功的关键。

(2) 对营销战略的影响

首先,对营销竞争战略影响。互联网具有的平等、自由等特性,使得网络营销将降低大型跨国公司所拥有的规模经济的竞争优势,从而使小企业更易于在全球范围内参与竞争。另一方面,由于网络的自由开放性,网络时代的市场竞争是透明的,人人都能掌握竞争对手的产品信息与营销作为,因此胜负的关键在于如何适时获取、分析、运用这些自网络上获得的信息,来研究并采用极具优势的竞争策略。同时,策略联盟将是网络时代的主要竞争形态,如何运用网络来组成合作联盟,并以联盟所形成的资源规模创造竞争优势,将是未来企业经营的重要手段。

其次,对企业跨国经营战略影响。任何渴望利用互联网的公司,都必须为其经营选择一种恰当的商业模式,并要明确这种新型媒体所传播的信息和进行的交易将会对其现存模式产生什么样的影响。过去分工经营的时期,企业只需专注在本企业与本地市场或国内市场,国外市场则委托代理商或贸易商经营即可。但互联网络跨越时空连贯全球的功能,已使得全球营销的成本远远低于地区营销,因此企业将不得不进入跨国经营的时代。企业的经营战略就不得不考虑跨国市场顾客的特性,争取信任与满足他们的需求,以及安排跨国生产、运输与售后服务等。

(3) 对营销组织的影响

目前,网络已经成为企业生产经营的主要工具,企业应该明确目标市场,借助网络这一全新的沟通工具去接近并把握目标顾客,形成自己的顾客网络,同时,发挥企业内部网络功能,实现企业对市场的快速反应,进而从根本上改变企业的运作流程。

（4）对消费者的影响

① 消费者角色的改变

在传统环境下，信息的双向流动很难实现，信息的传递过程强调了正向的由制造商到消费者的流动而忽视了反向的消费者到制造商的流动，消费者只是被动的信息接受者。而今，网络的迅速发展为信息双向传递的实现提供了技术支持，使点对点的信息沟通成为现实，并提供了大量的调研工具，如网上调查、电子布告板、远距离数据检索、广告效果测试、消费者识别系统等。消费者可以通过网络完成发出求购信息、收集相关信息、分析比较、购买决策、购买行动、购后评价等整个购买过程，由信息的被动接受者转变为信息的积极提供者，主动地参与企业的市场营销过程。这一角色转变，更好地促进了制造商与消费者的双向沟通。

② 消费者购买行为趋于个性化、理性化

由于信息的数量剧增和质量提高，消费者对产品甚至对产品的设计构思了解更为深入全面，从而大大增强了消费者的选择性。消费者更注重产品的个性化、差别化和内在品质。多媒体技术的应用，使消费者可以反复修订购买方案，购买变得更为"挑剔"，同时，也减少了一些人为的干扰因素，如销售人员的态度、商店购物环境，从而使消费者更加自主、理智地购买。

（二）服装网络认知特性

1. 服装感觉特性的组成

服装是典型的感性产品，在人类的五种感觉，即触觉、视觉、听觉、嗅觉、味觉中与服装感觉特性能够发生联系的是触觉、视觉、听觉、嗅觉。服装的触觉特性和视觉特性尤其被重视。

服装的触觉特性是人们的触觉系统对服装产品形成的相关感觉。服装衣料的表面光滑/粗糙程度、表面的纹理、蓬松性、柔软性、厚度等都会对服装的触感起到决定性的作用。

服装的视觉特性是人们的视觉系统对服装产品形成的相关感觉。服装外轮廓造型、服装的细部结构、服装的色彩、服装衣料的质感和垂感、服装衣料的花纹和光泽等方面的信息都是形成有关服装视感觉的基础。

服装的听觉特性是人们的听觉系统对服装产品形成的相关感觉。一般情况下，服装的听觉特性不是重要的感觉评价对象，但是对于一些特殊材质的服装，对于听觉特性也有一定的感性评价要求，比如对于丝质服装来说，衣料的摩擦声、丝鸣声等听觉特性就反映出衣料的质量。

服装的嗅觉特性是人们的嗅觉系统对服装产品的相关感觉，以前服装的嗅觉特性一般用于服装质量控制的环节中，如要求成衣不应该有异味产生。现在随着纳米胶囊技术的发展，服装的衣料可以自带香味或除臭。由此，服装的嗅觉特性的感性评价也开始受到重视。

由此可知，服装的感觉是与人们的感觉系统和服装的特性密切相关的。服装的有关特性通过人们的相应感觉系统传导到大脑中枢神经系统，经过生物神经系统对这些信息的处理形成对服装的相关感觉的认识，最终以触觉特性、视觉特性、听觉特性和嗅觉特性的形式表现出来。在服装的这些感觉特性中，触觉特性和视觉特性显得特别重要。因为对于服装设计、生产、销售和使用来说，通常追求的目标是相同的，就是看起来具有美感，穿起来感觉舒适。

2. 服装信息表达

第一，映像服装——在图面、照片以及样板上呈现出的服装信息系统。这种服装信息是通过人们的视觉系统进行传递的，可以方便地在不同的人群和区域中进行传送，人们对这种服装信息的理解和认识往往也是不一致的。

第二，书写服装——以文字的评论、对话与描写为载体的服装信息系统。这种服装信息是对服装实物表现出来的信息进行了加工，具有一定的导向作用。在这种信息的引导下，人们往往可以对同一件服装形成统一的感觉和认识。

第三，真实服装——真实存在的服装所包括的服装信息系统。这种服装信息也是通过人们的视觉系统形成的，这种信息比映像服装信息更加真实，但是不便于在不同的人群和区域中进行传送，人们对这种服装信息的理解和认识往往也是不一致的。

3. 服装感觉信息的特征

为了对服装感觉信息进行准确而客观的表达，对服装感觉信息特征的分析就显得非常重要。通过语义表述的服装感觉信息的特征可以归纳成以下几个方面。

整合性——对于服装产品来说，它的设计元素包括了色彩、造型、衣料肌理以及触感等许多感性信息体系。它们既具有独立性特点，也互相搭配，从而具有同一性。服装的感觉往往是这些元素综合作用的结果，所以服装的很多感觉评价是针对总体的感觉进行的，这样获得的感觉信息就具有整合性的特征。

模糊性——人的感觉本来就是模糊的，也是不容易进行表达的，所以在对服装感觉进行评价时，很难用传统的理论和方法给出量化结果，也不能用布尔逻辑（0或1）来理解和表述评价的规律。很多情况下，某一个评价对象所表现的感性信息不但是模糊的，而且是多重性的。所以在我们的实践中，运用了模糊集的隶属度关系来分解并量化服装的感性信息。

复杂性——服装是最普遍的生活用品，但是当我们细细进行品味时，却发现它所给出的信息又是相当丰富和复杂的。它的复杂有时不仅表现在自身的结构和美感上，而且还突显在服装与人体的相互关系上。比如，同为红色的上衣如果它们的领型不同就给人感觉不一样；同样一件红色的上衣搭配不同的裤子，感觉就不一样。还是同样一件红色的上衣穿在一个男人和一个女人身上，可以给人带来某些相同的感受，同样也有不同的感受。这就是服装的感性魅力，同时也非常地难以理解。

因为服装感性信息的整合性、模糊性和复杂性这些特性，很难用一种量化体系来包含每一个元素及它的感性评价，而且这也将是个浩大的工程，结果也极有可能是发散的，难以在某一个基础上统一起来。

4. 网络服装认知

传统的服装认知由消费者触觉、视觉、听觉、嗅觉等感觉器官对真实服装的感知，得到服装的触觉特征、视觉特征、听觉特征、嗅觉特征，然后通过心理认知系统的处理整合，结合以往的经验与知识评价服装。网络服装认知只能通过消费者的视觉器官对影像服装和书写服装感知，由于服装感性信息的整合性、模糊性和复杂性等特性，书写服装难以满足消费者的需要，因此消费者主要是通过影像服装认知，影像服装与真实服装相比，除了不能提供服装的触觉特征、听觉特征、嗅觉特征外，视觉特征也与真实服装有一定的差异，因此，网络服装认知是在服装感觉特征严重缺失的情况下，消费者结合以往的经验与知识推理出服装的触觉特征、听觉特征、嗅觉特征，然后再整合出对服装的整体评价。由此可知，网络服装认知与传统服装认知相比存在较大的认知风险。

(三) 服装网络购买决策

1. 服装网络购买流程

假设：消费者为理性购买，非常清楚自身需求，购物具有明确目的性。排除娱乐性的购买，即有些人没有明确的购物目的，只是在消磨时间的过程中，受到广告或价格的诱惑而购买的活动。

本研究只研究购买过程对消费者购物的影响，对于广告引起的品牌效应对消费者的购物影响不在研究之列。服装购买流程是服装消费者购买行为的形成和实现的过程。从需求的产生到完成购买通常包括购买需求、选择渠道、搜索信息、比较选择、下订单、授权支付、收到产品和售后服务几个主要步骤。

(1) 购买需求

网络购买过程的起点是购买需求。服装的双属性特点，即自然属性和社会属性，决定了消费者的服装购买需求产生可能是生活必需或者是社会活动所需，是在内外因素的刺激下产生的。

(2) 选择渠道

购买渠道主要指传统意义上的到达指定购物场所购买，如商场购买、专卖店

等，通过电视购买、目录邮购、电话购物和通过网络购买等购买方式。通过不同的渠道购买，消费者所得到的服务与所承担的风险不同，消费者应根据自身的风险承担能力和所需要的服务，分析不同购买渠道带来的得失，选择适合自己的购买渠道。

（3）搜索信息

确定购买渠道后，消费者花费一定的时间和精力，寻找符合需求目的的服装。

（4）比较选择

为了使消费需求与自己的购买能力相匹配，比较选择是购买过程中必不可少的环节。消费者对多件服装资料进行比较、分析、研究，了解每种服装的特点和性能，从中选择最为满意的一件或几件。一般说来，消费者的综合评价要考虑服装的款式、质地、品牌等。在选择几件服装满足购买需求之后，对比服装价格、服务、卖场形象，以及服装本身的款式、质地和品牌之后，做出购买决策。

（5）填写订单与授权支付

与传统购物相比较，填写订单与授权支付是网络消费过程所独有的阶段。传统的交易过程是面对面交易，一手交钱一手交货，而网络交易支付与取货都需要通过中间介质，下订单是指消费者填写个人资料与购买服装资料，确认购买。授权支付指消费者授权邮局或银行或电子支付平台支付。

（6）服装接收

在网上购物，支付了货款，产品要经历一段邮寄时间，才能到达买者手中。收到产品指消费者签收产品的过程。

（7）售后服务

服装的售后服务目前主要指退换货服务，或者产品出现质量问题，需要进行小范围的修整等。

（8）评价购买

消费者购买服装后，往往通过使用，对自己的购买选择进行检验和反省，重新考虑这种购买是否正确，效用是否理想，以及服务是否周到等问题。这种购后评价往往决定了消费者今后的购买动向。

消费者的整个网络购物过程都与企业的产品、价格、渠道、服务、企业形象、促销、信用相联系，他们当中的任何一个因素，都会使潜在顾客做出是否购买的决定，因此，要把消费者的购买过程与网络企业的营销策略紧密联系，促成潜在消费者消费行为的发生。

2. 基于情感与态度的购买决策

（1）网络情感刺激

情感因素有着不容忽视的现实意义和价值内涵。随着中国服装行业发展的不断成熟，服装企业对产品的宣传推广手段也不再局限于价格和质量，还包括对消费者情感的正面刺激，在服装网络营销中主要体现在安全、服务和服装展示刺激上。

在进行服装交易前，主要是网络服务与服装展示刺激，及时快捷体贴的服务与多元的展示方式是刺激消费者购买的主要因素，交易过程中与交易后的情感刺激并不只是在交易中与交易后才产生。如果消费者是第一次在该网站购物，通过浏览界面，查看交易方式、配送方式、服装投递方式、售后服务条款等，以及通过评价在交易中与交易后的服务与安全状况等会对购买决策产生刺激，如果消费者不是第一次在该网站购物，以前在交易中与交易后的经历会对这次购买产生情感刺激。

（2）消费者网络密切度

基于前述服装网上认知特性及服装网络特征的分析结果，消费者服装网络购买决策受服装价格、消费者网络密切度、情感刺激、服装感知等的综合作用影响。

（四）服装网络购买决策模型

消费者购买商品，首先要产生需求，然后比较商品价格和购买过程中的态度附加值与消费者自身期望值，进行购买决策。在购买决策时，消费者有消费需求，并且价格也在消费者可以承受的范围之内时，正面态度促进购买决策，负面态度阻碍购买决策，态度越强，促进与阻碍的力度也越大。

在服装网络购买过程中，态度的两个因素情感与认知表现为服装网络感知因素与网络购买情感因素，网络购买情感因素指消费者在网络环境购买过程中一切影响消费者情绪的因素。服装网络感知因素指在网络环境下影响消费者对服装感知的一切因素。

基于购买态度理论与网络购买流程的分析，对购买决策产生影响的服装网络营销特性为服装网络展示、网络服务与网络安全三个方面，高质量的服装通过高质量的网络展示（丰富的信息量）不仅降低了消费者对服装的认知风险，减少消费者的时间精力成本，也提高了企业形象，增加了消费者信任感，与购物过程中的各种安全措施一起营造一个安全购物环境，降低了消费者的安全风险。

七、中国服装业品牌营销的战略发展方向

（一）服装市场未来的消费特点

21世纪是以信息产业和知识经济为标志的时代。随着我国服装市场全面向世界开放，市场竞争会更加激烈，国外品牌将构成巨大威胁，传统营销理论和一成不变的营销模式将无法适应新形势的要求，服装营销理念将进入一个创新时期。

在营销理念的成型期，行业内通行的诸如 CS 工程、4C 理论的一个共同特点，

就是充分体现了以顾客为中心的理念。这一点是由服装消费文化，特别是时尚文化所决定的，代表了服装市场发展的总趋势。由此可以预见，顾客的服装消费观念仍将是决定市场的主导因素。

近年来的一个显著变化是，消费者由追求商品的性能和品质转向思想上的享受和情感上的共鸣，他们更多地追求能够与自己的个性发生重叠的服饰，越来越关注服装的品牌形象、新奇特征、设计品位和卖场情调；另一方面，工作与生活节奏的加快促使一些消费者选择尽可能方便、快捷的购物方式，对于服装的要求则是多功能、易保养，而且舒适、轻便，由上述分析可以得出一个结论，即营销理念的发展将围绕一个主题呈现多元化的局面。所谓一个主题，就是为顾客创造全方位且更加深入的消费享受；所谓多元化，就是不同的企业将根据自身的特点和优势，突出营销理念的侧重点，并在深度和广度上充实营销理念的内涵，从而使营销理念更加个性化、具体化和时尚化。在这种发展趋势下，企业对于市场上所有的核心概念，诸如品牌、服务、个性化等，都将有更加深入、独到的理解，而消费者则可以体会到更加全面的消费体验。

总之，未来的服装市场的竞争，将在很大程度上表现为营销理念的竞争，营销理念的创新将成为极具挑战性的工作。

（二）适合中国服装企业现状的品牌营销战略策略

从战术管理向战略管理的转变是一个逐步完善、提升综合素质的过程，不可走得太快。在战略策略方面，中国企业应力求做到以下几点。

第一，服装企业应尽快适应国内外各式各样的营销渠道模式。营销渠道是服装生产商的产品流向消费者的渠道，服装生产商对其管理水平的高低和控制力度的大小，对该企业产品的市场占有率的提高有着至关重要的作用，因此服装企业必须建立好自己的营销渠道。同时还要对其施以适当的控制，也即加强与营销渠道成员的合作与支持，在营销渠道控制中掌握主动权，企业可通过沟通、利润控制、库存控制和营销方案控制等实现。

第二，企业应重视商业情报的收集。市场竞争的日益国际化促使商业情报在服装企业发展中的地位和作用日益突出，这一点对企业有很大的促进作用，但情报收集对企业的贡献率一般都是不可外泄的。

第三，企业应提高对消费者个性化需求不断变化的快速反应能力。前面曾提到过，如今消费者的需求日益丰富，时装流行的周期越来越短，这需要服装企业能够根据市场行情的变化作出快速反应，通过灵活准确地调整产品的款式和数量，增强产品的质量，提高生产的效率以增加产品在市场上的占有率。在新的形势下，企业单靠自己本身是不可能在市场上生存下去的，应充分利用互联网等有利条件调用下游联盟企业的实时销售信息数据，直接进行分析，也可充分利用客户或者消费者的反馈表的搜集来获取一定的反馈信息数据，或者直接与供应商、营销渠道中各环节之间建立相互信任、资料共享的联盟关系。

第四，企业应积极拓展国际市场。现代服装企业的竞争将不再只限于质量与成本，更多的是技术创新和设计创新的竞争，研发设计、品牌定位、高新技术专业人才引进、跨国营销体系的建立、跨国采购的采用等方面的挑战将接踵而至，尤其当国内服装企业依靠不成熟的生产条件和营销模式与国外先进的服装企业处在同一平台上进行竞争时，挑战显得尤为严峻，因此企业需要克服短期行为和浮躁的心态，注重企业新产品的开发能力以及营销渠道的建立与控制等，如此才能使企业真正具有在国际大市场中参与激烈竞争的实力。

结合所说，实现战略管理是一个逐步完善、提升综合素质的过程，国外企业成功的经营理念和战略化管理模式的确给中国企业起到推波助澜的积极作用，由于国情的不同，这些经验只能作为参考，决不能拷贝或借鉴过多，盲目地导入反而会适得其反，严重损害品牌。中国的服装企业必须要走出一条自己的经营之路，只有这样才能成功地与国际品牌竞争。在将战略付诸实施的同时，企业应遵循以下几个原则。

第一，融和原则。企业要从我国服装业的特点出发，抓住其中的关键环节，即产品、市场、终端、生产、品牌，进行民族元素与国际元素的组合创新。

第二，标准原则。创造的品牌应在环保、技术、科学等方面达到国际标准，特别是国际最新标准。

第三，国际化原则。企业无论是在硬件的设计和工艺上还是在市场和品牌策略等方面都要真正遵循国际化原则，而且要及时地识别市场的发展进程，按照品牌营销发展规律制订出行之有效的品牌营销策略，赢得市场竞争的主动权。

第四，保护原则。企业要熟悉国外市场规则，并遵守国际规则，特别是遵守关于保护知识产权的规则。只有创造出众多知名的国际服装品牌，才能增强我国服装在国际市场上的核心竞争力，使我国的服装业屹立于世界服饰艺术之林。

总之，中国的服装业在国际市场上面临着极大的压力，但风险与机遇往往是并存的。服装经销商们需要认真分析形势，以高质量、高附加值的品牌经营为原则，在创品牌的同时进行合理定位，保持品牌的高市场占有率，注意合理学习借鉴国外先进的品牌运作方式，找出我国自己的品牌优势，就能改变我国服装业以量取胜的局面，从而以高质量的服装品牌参与国际市场竞争。

第十章
基于影视的服装品牌推广

第一节 • 快时尚服装的微电影广告价值

2012年,快时尚品牌诺奇服饰投资的微电影《希望树》上映了。在这样一股微电影风潮推动下,"微电影整合营销"的概念也就应运而生,在如此日趋激烈竞争下的传统广告市场,微电影营销凭借着强大的互联网的传播平台和其独特的表现方式,成为备受业界关注的广告营销新阵地。在这样一个微电影广告营销发展生机勃勃的时刻,怎么能少了服装行业的参与呢。尤其是快时尚服装产业,更少不了它们在各种时尚、新潮、流行面前争奇斗艳,各大快时尚服装企业纷纷"试水"微电影营销,这也意味着微电影"传染"到服装企业。

匹克抱着凑热闹的心态尝试投资了微电影,却使《跑过死神的快递员》这个电影,成功地夺得了"用微电影进行品牌营销的经典案例"这一桂冠。这部微电影被网友评价为是集合周星驰式的无厘头、现在流行的穿越剧,加之时光倒流与死神来了相类似的剧情在一起的作品,让观众在开怀一笑的同时,也记住了匹克的该款产品。

一、快时尚服装微电影广告行业发展背景

(一)快时尚服装微电影广告

快时尚服装微电影广告是一个运用电影的表现方法,为了宣传服装产品或品牌而拍摄的广告。有情节、有故事,一般时长在三四十分钟。它的本质仍然是广告,具有一定的和传统广告一样的商业性或是目的性。我们叫它"微电影广告",其中也有电影二字,但是与以往电影不同的是,在快时尚服装微电影广告里,产品是整个电影的主线或者是线索,虽说运用的是电影手法,但时间上微电影要比传统意义上的电影短小精悍许多。

快时尚服装的微电影广告运用电影拍摄的一些技巧和手法，给所要宣传的信息增加了故事性，能够更深入地表现服装的品牌形象，使理念得到更深层次的渗透和推广。

(二) 微电影营销

微电影广告营销，既不同于我们所说的网络视频短片，也不同于我们通常所说的影视大片。微电影营销是介于这两者之间的一种网络化新媒体的营销手段。与影视作品中植入的广告作用相同的是，它们都是用于影视营销；不同的是，只不过微电影广告是为企业量身打造、定制的。它并没有用传统意义上的广告那种直给的方式来宣传，而采用的是一种委婉、温柔平和的方式，让品牌或产品融入故事本身，使观众在潜移默化中接受这个品牌或者这个产品。与我们平时看的电影大片一样的是，微电影广告主要胜在善于运用故事情节，企业可以比较轻松而自然地将品牌或产品信息融入故事情节中，通过故事主人公的"事与情"达到升华、突出表现或引发关注和观众情感上的共鸣等。

(三) 快时尚服装微电影广告营销起源

1. "限广令""限娱令"使广告主不得不转换营销方式

国家广播电视总局颁布了"限广令""限娱令"，这两项规定大大地压缩了电视广告的植入空间。所以很多快时尚服装企业开始寻求新的传播手段，意在有效且价廉。

2. 目标受众的变化

近些年，随着时代的发展，各种新兴高科技的普及，电视的收视人群日趋老龄化。正是因为这样，目标受众群体从电视转移到手机，传统的电视广告已经很难引起受众注意了。再加上电视广告的高成本，迫使广告主不得不去寻求新的出路，转战别的阵地，所以，利用互联网和移动互联网传播的微电影成为这些广告主的新阵地。

3. Web3.0时代的必然选择

在Web3.0时代，媒介形式已经演变了，留给传统广告的生存空间越来越小，快时尚服装行业的广告要想经久不衰，那也要随着时代不停地演变、创新，否则一定会被淹没在历史的长河之中。随着网络化的深入，信息不再是稀缺资源，人们对于各种消息非常灵通。传统市场的那种以消费者为目标的定位已经没有办法再继续创造、刺激需求，所以营销者必须要从根本做起，关注消费者内心的真正需求。网民的自我意识不断加强，直给的广告强硬地把信息灌输给他们，很难会被他们买账，有的甚至会有抵触心理。广告主需要创新媒体、丰富内容，创新传播渠道与方式去征服目标受众，这种"以柔克刚"也恰好是微电影的特点，以它的"软"攻破受众的接受防线。

二、快时尚服装微电影广告价值特征

（一）情节性价值

通常传统的服装广告，时长限制在三四十秒左右的，平铺直叙地介绍产品或品牌，目的是吸引消费者购买。显然微电影广告有时间相较长一点的优势，可以把一个品牌和故事巧妙地结合起来，在互联网上以短片的形式进行传播。服装微电影广告胜在它把广告的特性减弱，电影的特性加强。在微电影广告中，广告品牌传播更加温和，故事也更接地气，实际上是把影视与广告相结合，趣味地说是把它们俩联姻。服装微电影广告和网络视频短片不同，它倾向于专业的影视制作，可以说更商业化。微电影一定是一个故事。微电影广告如果有一个好的故事，并且巧妙地把故事讲出来，则可以得到和商业电影一样的视觉上和情感上的享受。微电影广告营销一定是着重于微电影的内容，有好的情节，讲故事中达到产品宣传或者推广的目的。其中，内容与营销目的巧妙融合的把握也成了微电影营销制胜的关键。

（二）互动性价值

快时尚服装微电影广告的出现一改传统广告单向的传播形式，表现出双向性和交互性的特征。这种新型的传播模式，打破了传统广告主传播受众接收的模式，受众可以自由播放哪一个或哪一段，然后对其做出评价，使受众的操控性增大，或暂停或快进或回放等。另外，受众不再扮演旁观者，看完之后不了了之，他们可以参与到活动中去，或参与微电影故事的评论，或对微电影广告的评价，甚至是参与创作。因为微电影作为依靠新媒体播放的方式，在视频网站播放，有的企业就会在视频网站通过微电影广告和观众进行互动。在传播产品或品牌信息的同时，得到了受众的认可，充分调动网民的参与热情，减少了受众对传统广告的排斥和反感。这也是微电影广告价值的核心所在。

2013年夏季，H&M推出摇滚音乐节系列服装。它在微电影宣传片中展现了一群热爱摇滚的年轻人，在清晨的阳光照射下，一个个慢慢苏醒过来，纷纷走出帐篷，大家集结到一起，穿着H&M的衣服，在雨中摇滚、狂欢。参与被称为"英国的伍德斯托克"的Glastonbury音乐节，最后打出这样的标语："谁也关不住自由奔放的心，也挡不住年轻洒脱的青春，无敌Divided摇滚音乐节系列为您制造一场全新的夏日穿衣盛宴，约上朋友让我们一起high起来！"

H&M 这样的呼吁,"让我们约上朋友一起狂欢",参与到他们的摇滚音乐节中去,让很多热爱摇滚或者具有活力的年轻人心潮澎湃,想要赶快参与进去,穿着 H&M 的衣服,参加他们向往的 Glastonbury 音乐节,一起狂欢。利用这样一场狂欢互动,无疑是对其产品最大的宣传。

(三) 与传统快时尚服装广告价值对比

1. 与传统快时尚服装影视广告对比

与传统快时尚服装影视广告相比较,可以说快时尚服装微电影广告是其"加长版"。为什么说是加长版,传统服装影视广告由于播出时间、制作成本、投放成本等因素,往往都压缩在30秒左右,而快时尚服装微电影广告由于在网络上传播,制作要求不高,制作、投放成本较之低了许多,时长一般就要长了好多。所以说快时尚服装微电影广告是传统广告的"加长版"不足为奇。正是因为传统广告的时长原因,所以要在短短几十秒钟传达产品信息,只能采用直接的方式传达给受众,观众看多了就会对其产生厌恶甚至反感。而微电影广告通过丰富的故事情节,一步一步地把信息传达到观众眼中,委婉、轻柔,大大降低了观众的厌恶心理,从而达到更好的传播效果。

2. 与传统的电影植入广告对比

传统的电影以本身的故事情节为主,主要是电影本身的价值,电影制作方主要是通过广告主的广告费用来投资电影本身,并不是为了宣传产品,而广告主也只是借助电影的这种播出形式来使自己的产品"露个脸"。电影本身不是为产品而制,可想而知,这样的利益关系,植入的广告是牵强的,往往很生硬,与故事情节没有协调度,广告痕迹明显,让观众一眼就能看出。可以想象,在观众正在沉醉于电影故事情节时,突然出现的不合时宜的广告信息,观众的反感情绪是会有多大。而时尚服装微电影广告则是为宣传产品而定制电影,一定会使故事情节与产品相融合,高度协调,使人不会产生厌恶感。

三、快时尚服装微电影广告类型及其价值优势

(一) 快时尚服装微电影广告类型

1. 定制式

在快时尚服装微电影广告界,微电影广告类型主要分为定制式和植入式。所谓定制式,不言而喻,这个微电影广告是为该快时尚服装品牌量身定制的,为其宣传品牌个性,宣传产品,具有很强的针对性。将艺术性和传播性很好地结合并

发挥到极点，这也是快时尚服装微电影广告一个不可小觑的价值。

美国著名牛仔裤 True Religion，2013 年为其春季服装搭配定制了一个微电影广告。讲述了一个喜爱牛仔衣服的女人，每天在海滩上穿着时尚的牛仔衣服，精巧、美丽的搭配深深地吸引了一个帅气的男人。两个人演绎着一场帅气、休闲、轻松、舒适的牛仔盛宴。这场兼顾视觉与感官的牛仔盛宴，传递的就是穿着者自我个性的表露，体现其品牌的定位，不论何时何地，你都可以穿着牛仔裤尽显自我。

2. 植入式

植入式微电影广告相对于定制的微电影广告来说，就不是特别为品牌定做的了，不像微电影全篇都是以产品为主线，而是把自己的产品植入到微电影中，在其特定的某一时刻、某一地点，给观众留下印象，从而到营销的目的。在微电影的剧情中，可以插入产品，达到潜移默化的宣传效果。植入式的广告是受众不可选择的，它就在微电影当中，只要看微电影，就不可能不看到这个商品。所以，这也是现在很多快时尚服装企业所喜欢的方式。借助微电影的影响力，把这些产品信息不可选择地传达给观众，观众在观看微电影的同时，也感受到了产品信息，不会像传统电影那样感到反感。

2012 年，微电影《别惹丑女》全线上映，剧中的女演员的服装都是金苑品牌的，这是金苑服饰有限公司赞助的第一部微电影，也是典型的植入式微电影广告。

（二）价值优势

1. 成本低廉

我们所熟知的传统广告，主要用于电视投放，也可以植入电视或电影当中，它的广告投放费用是所有媒介中最高的。多一分就多一分制作的成本，也意味着多一分投放成本，所以广告的时长受到了明显限制。微电影广告的"微"也体现在微投资上，一部微电影广告的制作费用很低，几千到几万元。其投放上的花费就更少，甚至不需要花费企业一分钱，只要上传到自己的官网或视频网站就行了，大大缩减了品牌宣传费用，为企业节约了成本。所以，现在快时尚服装企业都纷纷向微电影广告市场投注目光。

2. 传播迅捷而广泛

在这个网络时代，信息的传播是非常迅速的。快时尚服装的微电影广告依托互联网新媒体作为它的载体，和信息一样传播也是非常迅速而广泛的，只要把它们的微电影广告上传到网站，几秒钟或者几分钟就会传到世界各地的人们眼中。

3. 植入柔和易接受

微电影广告制作在目的上与传统广告完全相同，但是它相对于传统广告宣传方式更柔和，不会生硬地一味向观众宣传广告概念，而是有故事性，通过故事情节打动观众。微电影广告以其独有的传播手段，开创了新的营销模式，为品牌传播提供了新的方式和空间。

4. 定位精准

微电影广告的主要特性是让品牌的核心作为故事的主题，将品牌、产品巧妙地融合到故事的情节中去。微电影广告通过讲故事来吸引观众，而且是为企业量身定做，它所要表达的诉求点一定是准确的，能够有效地影响受众情感，帮助品牌建立与观众的连接。

5. 反馈及时

微电影依托互联网这样一个载体，发出的信息是及时迅速的，得到的反馈也是及时的。这些快时尚服装企业把它们的微电影广告上传到各大网站后，随时都能查看它们的微电影广告的点播率，也能看到观众对它的评价好与坏。这些数据都是直接可以看到的，及时而且直接地与观众面对面，得到他们对该微电影广告最直观的好与坏的评价。

6. 制作周期短

完成一个微电影广告作品几天到几个月不等。这样的短周期，更易于导演和演员空出时间进行拍摄，提高了拍摄的可行性。传统电影的制作和发行方式很复杂，微电影的制作发行却相对简单，目前主要通过网络进行发行。微电影广告对拍摄器材的要求低，只要你有好故事、好创意，一部能拍视频的相机或者能拍视频的手机就能拍出好的微电影广告。

四、快时尚服装微电影广告价值要素

1. 剧本为王

生活中，一个好的故事总是会被人提起、回味的。通过微电影广告，服装企业在讲一个好故事的同时，用极少的钱做出远远超出的营销效果。想要讲好一个故事，就要有一个好的剧本。当亿万的网民对一部部微电影广告的故事情节津津乐道时，也就达到了对品牌的最好宣传。微电影营销，可以让企业仅仅花费几万元就轻松达到传统广告几十万、几百万甚至几千万的那种广告效果。这让我们看到微电影广告的未来，也让服装行业中的小企业、那些没有那么多钱做广告的企业看到了希望。当今到处可见的广告世界里，仅仅一段广告视频、一段广告标语已经不能吸引观众的注意了，唯有内容的新奇才能够吸引受众的眼球，让其停下来观看。

2. 娱乐休闲

现如今，观众对商业性太浓的东西都抱有严重的排斥心理，微电影摒弃了这一坏习惯，用休闲的方式让受众有种轻松愉悦的感觉，从而打破心理排斥。通常，人们对可爱的事物毫无抵抗，这在宣传的同时也大大增加了影片的乐趣，使服装微电影一改传统广告商业性浓的特点，以其娱乐休闲性被观众所喜爱。

3. 受众兴奋点

微电影广告的互动特性战胜了其余网络广告形式。微电影广告内容一定要可以带动起人们的参与热情，使全民都参与到其中去，进而影响受众。近年来，越来越多的微电影广告进入人们的眼中，并成功演变为人们互动交流的话题。

4. 营销量化

可以说因为广告主的坚定造就了成功的服装微电影广告。微电影广告已经成为广告主的营销标配，而且越来越多的快时尚服装企业都在尝试把它们的产品用微电影广告来进行营销。微电影广告投放精准，有着稳定、特定的传播渠道，采取和观众互动的传播；而传统的电视广告强硬传播，广撒网，以求取大量的覆盖率。这样一比较，显然微电影广告更胜一筹，更轻而易举地告诉广告主"你的广告费花在哪里了""是谁在看你的广告"，这将改变广告主的一些广告投放价值取向。2011年，微电影广告已经在网络上蔓延了自己的一大片领域，在这个信息绝对不稀缺的年代，微电影广告以独特的方式吸引了许多观众的关注。因为几家公司通过微电影营销，从而带来了巨大的商机，这也让在努力寻找新的且有效的传播方法的公司看到了希望。现在已有很多快时尚服装企业开始效仿，利用微电影进行有效传播，创新了营销模式。这种新的模式对整个行业的营销观念有着深远的影响。

五、微电影广告发展趋势预测

第一，广告主越来越理性地看待微电影广告营销。
第二，微电影广告营销效果评估表明了有据可循。
第三，微电影行业制定规范化规定，使其能够规范发展。
在这个互联网快速蓬勃发展的Web3.0时代，新媒体占据了大部分天地，人们对信息的关注已不再是报纸、电视那些传统的方式了,加之越来越多的传统广告轰炸,造成受众的审美疲劳,还有就是各项政策对传统广告的打击,让传统广告备受摧残。在这样一个时代,依托新媒体为载体的微电影广告,其特征符合当前时代,受众认可喜爱,应运而生是理所当然的。不仅如此,微电影广告必将不断得到强化、发展。所以,许多快时尚服装企业纷纷"试水"微电影广告绝对是具有前瞻性的。

第二节 • 服装品牌在影视剧中成功植入

  植入式广告对大多数广告人和普通消费者而言并不陌生,从字面上看,即指将广告巧妙地植入影视媒体活动中,以期达到广告宣传的目的。植入式广告不是一种广告形态,而是一种新兴的广告投放形式。它通过电视剧、游戏、商业活动等平台,制造场景的再现,合理融入剧情中,使观众留下对产品及品牌的印象,继而达到营销的目的。如今,植入式广告在影视剧中正大放光芒。好莱坞的商业大片为植入式广告开放了一个巨大的平台,也给制片商和商家带来了双赢的局面。

  由于受众对广告有天生的抵触心理,植入式广告随着电影、电视、网络等媒介开始兴起,在影视剧情中、游戏中刻意插入广告主投放的产品,达到潜移默化的宣传效果。把产品广告植入到这些休闲娱乐的影视剧中的做法,往往比硬性宣传推销带来的效果要好很多。其实服装品牌的广告,就是通过隐蔽的途径促成消费者的购买欲望,由不买到关注到想买。对于服装企业而言,动辄三四十集的电视剧,明星成了现成的服装模特,观众在观看影视剧娱乐的同时,对某款在剧中被男女主角穿过的服装自然也会印象深刻。经常可以在网络上看到各大网友疯狂搜索"某某电视剧,某明星穿着的是什么品牌的衣服"。有需求就有商机,这其实是在利用影视剧的热播来培养消费者的贴近心理,是一种潜移默化的无痕营销方式,却丝毫让人感受不到广告宣传的痕迹,就足以让其他营销方式望尘莫及。

一、服装品牌运用植入式广告的必要性

(一) 传统广告宣传的限制性

1. 高投入、低效果

  广告主斥巨资投放一次广告,但几个月下来,产品的销量却不理想,于是广告主再次花了一笔钱做广告,但几个月下来销量还是没什么增长,于是广告主害

怕了、怀疑了，不敢再投入广告。广告投下去没看到效果，没效果于是不敢再投，不敢再投更没销量，没销量当然就不会再投入了，这就是投放广告的恶性循环。从受众的角度我们可以看到，通过各种媒介如电视、广播、报纸等向消费者大规模灌输品牌和产品的信息，大量的空中广告一直是很多企业的惯用手法，虽然这的确造就了不少品牌，但是广告的轮番轰炸式传播方式泛滥，消费者可提供选择的品牌日趋增多，广告就容易出现高投入、低效果的现象。

2.消费者的抵触情绪

电视、杂志、报纸上总充斥着各种广告，这是一个广告遍天下的时代。打开报纸或者杂志认真地读一篇文章，读到最后才发现是一篇软广告；打开播放器观看电视剧，界面开头就会跳出40多秒的广告；浏览网页不小心点击就进入广告界面。国内不乏创意优秀的广告，但如果打开电视大部分的时间映入眼帘的总是铺天盖地的广告语，而且还有各种反复播放的电视购物广告，容易让人视觉疲劳，让人不觉产生厌烦情绪。

3.广告同质化程度较高

广告语是品牌传达最快捷的方式，而如今的广告语多数雷同，缺乏记忆点。以前宣传一件产品总会说"纯天然"，可是过段时间就会发现，所有的产品都"天然"起来，当泛滥的广告铺天盖地而来时，创意、镜头、场景、台词、广告语等都日趋雷同。广告盗版现象日益严重，如香飘飘奶茶当年的一句"可围绕地球两圈"的广告语，一夜之间成了众多食品广告的标准版。如今科学技术飞速发展，信息传播之普遍，使得商品的生产、工艺技术以及产品的性能、价格等大同小异，都不会有太明显的差别。那么，如何使这些内容传播得更为深入、独特、形象生动，就成为问题的关键，商品越是同质化，对广告创意的要求就越高，由此，广告创作走到了一个"创意至上"的年代。

(二) 植入式广告的蓬勃发展

如今，植入式广告发展迅猛，被广泛运用在影视剧中。随着经济的发展，传统广告向植入式广告的转变是必然的，是市场的发展趋势，是人们无法阻挡的。一方面植入式广告使电影产业可获得更多收入以弥补制作成本；另一方面，厂商的商品获得在屏幕上展露的机会，这样一来，产品与名人联系在一起更体现出它的营销优势。从植入品牌来看，主要集中在汽车、餐饮、互联网及金融行业。植入广告中，互联网行业增速最快，达到3倍以上增速，相反，汽车、房地产行业投放量增速正逐渐下降。

植入式广告为厂商提供了将产品展露到被迷住了的观众面前的机会，以及产品在荧幕上下与知名演员联系在一起的机会。一般来说，通常情况下，热播影视作品中男女主人公的服饰穿着、用品等与之联系着的一切都能受到关注，而剧中的植入式广告甚至可以在影视内容播出后的数年里影响现实的消费趋势与形势。

（三）植入式广告的隐蔽模式

随着传统广告越来被受众抵制，植入式广告的隐蔽模式有效地避免了这一局面。随着中国广告事业的发展，受众越来越感觉到自己的生活圈媒体被铺天盖地的广告包围，而且有时候影响心情。种类繁多的电视、电台、报纸、杂志、网络无所不在的广告，走在大街上巨大的电子广告牌，公共汽车站到处也是灯箱广告，出租车后背座上放着电子广告，在大街上散步不断会收到一些商家打折促销的广告宣传单页……因此许多观众在观看影视剧的时候，经常在插播广告的时段换台，抵制这些生硬的广告。像爱奇艺、优酷等网络平台都有自动跳跃广告的选项，可以随时切断电视广告，不让这些广告影响人们观看电视节目。在这种局面下，广告人需要寻求到一个新的广告方式来改变人们对广告的抵触心理，能让受众在不知不觉中接受这些广告。于是广告人开始关注了植入式广告这种新型的广告方式，使植入式广告的模式越来越隐蔽，让受众在神不知鬼不觉的情况下关注产品，无形中让他们在购买相关产品时选择做广告的品牌。广告发展的趋势之一就是让广告不再像广告。

在影视剧中做植入式广告往往能带来意想不到的价值，因为隐性广告的最大优点在于让品牌在不知不觉中被消费者关注进而产生购买欲促进销售。2012年初韩剧《想你》热播，剧中男主角戴的围巾和女主角的服饰就掀起了一阵服饰狂潮，淘宝上争相打版制作同款围巾、同款服饰，百度的搜索量一度达到500多万。这样一来，演员们为服装做了一次隐形的广告，而且还深入人心。习惯于品牌赞助的服装企业怎么会放过如此巨大的一个奶酪呢。

（四）植入式广告的精确目标受众

由于服装本身的风格多样化特点，所以一个服装品牌有着属于自己的特定风格，那就需要精确地选择一个合适的植入载体。然而不同种类的电视节目有不同的观众群体，青春偶像剧的观众年龄群体大都在20～30岁，所以在剧中休闲装的品牌比较受青睐；而商业片中充斥着职场成功人士，西装、礼服等类的品牌比较适合。所以在这样一个展示平台中，借助特定的场景，特定的演员穿着服装产品出镜的立体视觉展示，对品牌的推广是最为有效的。

服装品牌在植入广告中，情节场景以及演员的发型身材、服装搭配等都是经过专业人员设定的，演员在最合适的场景中以千姿百态的人体动作展现出服装的丰富视觉形态，充分地衬托了服装产品。一部电视剧中，经常有观众对男女主人公的穿着引发共鸣，这样的示范表演无疑是最好的服装展示。服装品牌植入广告最为经典的就是电影《穿普拉达的女王》，它定位在时尚尖端的受众群体上，剧中女主人公们在整部剧中上演了一部时装大片。而剧中除了 Prada 和 Chanel 这两大品牌之外，Calvin Klein、Gucci、Dior、Nancy Gonzalez、Valentino、Versace 等品牌的服装衣帽等饰品也相继出现在影片中，彰显出时装大片有容乃大的品质，吸引了爱时尚的人群关注，也增添了影片的时尚派头。

二、服装品牌运用植入式广告的方式

（一）直接植入

　　1. 与载体合作

　　直接参与可以最大限度地进行品牌推广，而让品牌直接与载体以合作的方式出现就是直接的参与方式。就服饰品牌来说，在游戏中，当主角人物穿不同的衣服装备，会具备不同的能力，服装品牌商完全可以和游戏开发商进行植入式广告合作，推出与该品牌产品相同的装备，从而融为一体，避免了给人一种生硬的商业营销感觉。例如：美特斯·邦威品牌的套装，包括鞋、裤子、帽子等与游戏联盟。首先美特斯·邦威把自己的时尚定位在一群年轻漂亮的群体上，与游戏"劲舞团"合作。而"劲舞团"这款网络游戏的受众群体年龄大约在"90 后"，与美特斯·邦威的品牌定位相吻合，而游戏的同时在线人数高达几十万人，有着一个很大的传播群体。美特斯·邦威将劲舞里面的 3D 立体卡通人物形象的衣服设计成为自己品牌的同款，更容易吸引消费者关注，这样消费者很容易想象出自己穿上后的效果。不仅如此，在线下美特斯·邦威更把营销开展到了全国各地的专卖店中，而消费者只要购买美特斯·邦威的服装配饰等，就可以收到"劲舞团"的精美礼品。之后，美特斯·邦威再给"劲舞团"所属的游戏公司返利，达到互惠互利。

　　2. 广告片段植入

　　产品的广告片段直接出现在影视作品中。例如电影《手机》有一个情节直接穿插了中国移动的一个广告片段，除了着力宣传推广"中国移动通信"这个品牌外，而且还顺带宣传了它的"话费详单"和"位置服务"两项新套餐业务。

（二）间接植入

　　1. 产品露一脸

　　间接植入是将商品或服务的品牌识别符号通过电影或电视剧场景、对白台词、故事情节等巧妙地将品牌植入其中，而让产品名字直接成为影片台词也是直接参与的方式。但前提是要与电视剧情节内容融为一体，这样才不会使得节目生硬，避免让消费者觉得整场节目就是一场商业营销。2013年年初火爆荧屏的《泰囧》中,主人公屡次提到微博,并暗示微博传播力与影响力之大。而另一种直接露脸的方式就是像大多数电视剧里的片后字幕,经常打出片中男女角色服装的提供方。电影《功夫》中包租婆以一个跳水转体的动作撞在和兴白花油广告牌上,和兴白花油也是香港有名的老品牌了,它的功效是医治头晕头痛、感冒不适、肌肉疼痛,正好治包租婆的撞伤。

2. 产品作为情节道具

《海啸奇迹》里海啸过后世界一片狼藉,主角在寻找亲人过程中救了一个小孩儿,还找到一瓶可口可乐,于是几人一起分享。可口可乐品牌想凸显的情感诉求、世界和平的价值观在一瞬间感染了观众。

在此,唯一需要注意的是,产品的传播效果与影视剧的选择有很大关联。服装品牌的传播效果受影视剧节目本身的社会影响力的影响,对于影视剧来说,好的植入品牌提高电影基调,好的电影增加品牌含金量,双方相辅相成。同时还与节目情节内容相互的关联度有很大联系,关联度越高,越容易被消费者所接受,而且容易和剧情内容一起产生记忆,传播效果就会好;和剧情关联度太低,就会显得生硬,容易引起反感抵触。

三、服装品牌运用植入式广告的注意事项

（一）服装品牌植入广告要与节目内容相匹配

服装品牌植入式广告的成功首先要考虑的目标受众的定位,其次还要考虑产品品牌形象是否与节目内容相匹配,构思的桥段合理安排并且巧妙运用。这是采用植入式广告时需要考虑的问题。因为营销推广的需要,在影视剧中、游戏中等进行植入式广告营销,一定要秉承植入营销的4个策略原则：①逻辑合理性策略。广告植入应该符合剧情发展,避免生搬硬套,并符合正常逻辑思维,这才合乎情理。②形象匹配性策略。产品品牌形象要与节目内容基调保持一致,相互匹配。如果硬上,那是产品品牌形象的一次破坏——"硬上还不如不上"。③受众一致性策略。消费者与演员穿着的服装角色应该保持一致。④传播隐蔽性策略。隐蔽性是特征,隐蔽性不是看不到广告,而是感觉不到广告,因为广告植入已经成为节目内容的一部分。比如产品在选择植入载体时,挑选符合剧情的场景、人物对白进行植入。在这些广告植入中,如果服饰品牌过于强调广告植入,会让观众反感,同时也会对品牌产生反感。这样非但达不到广告植入的效果,反而影响了品牌的美誉度,给品牌带来负面影响。例如电视剧《婚姻保卫战》中的植入广告虽然很多,但是恰到好处。所以说,一个服饰品牌如果要成功植入广告,应该要结合剧

情故事发展，在符合产品的属性情形下，以"随风潜入夜，润物细无声"的方式，把营销和广告融入影视媒介的情节、场景、道具、台词中，让人无形之中对产品产生关注度。

（二）服装品牌植入广告要结合植入效果的4个层次

植入广告要按照植入层次进行，首先广告要融入内容情节，然后被消费者关注，继而符合剧情而被接受，最后对品牌自身有提升。"融入剧情、不露痕迹"是导演们普遍认同的植入准则。

（三）服装品牌植入广告要注意"度"

植入太深，观众很难发现广告信息；植入太浅，又容易触发观众的抵触心理。如某电视剧中有一个场景是导购员对Ⅰ Do钻戒做介绍，以惊人的语速重复Ⅰ Do这个品牌，就显得植入广告过于直接和浅显，导致这一情节给人留下推销的印象，没有达到宣扬其"高贵气质"的品牌形象的目的。

某系列电视剧中，从第一集开始，手机、牛奶、银行、白酒、酒店、医院、房地产等植入式广告频繁出现在剧中，观众笑称剧中的植入广告创下植入史上的最高纪录。植入式广告过多会带来许多弊端：①虽然为制作方带来了巨大的利润，但降低了电视剧本来的艺术价值和可看度，从而影响大家对作品的喜欢程度；②引起大家的反感，继而形成不好的口碑，影响影视剧的美誉度，不利于票房的提升；③干扰度太大，反而影响广告效果。

（四）服装品牌植入广告要高频次植入

经过调查发现，产品的出镜率越高，受众的理解效果就越好，记忆的程度越深。电视中传统的插播广告都是在广告时间段中大量播出，各类品牌轮番轰炸，有时候广告时间甚至达到20分钟，观众通常会产生反感情绪换台，很少会像看电视剧节目一样集中精力看完所有植入广告。并且插播时段有多种互相竞争的品牌，获得的记忆度较小。

影视剧中的植入式广告一般都有排他性，很少有竞品出现，某类产品以不同内容形式高频次出现，避免了重复形式给受众带来的视觉疲劳，而此产品的品牌LOGO在镜头前反复出现，增强了观众对此品牌的记忆效果。

对于广告效果来说，重复只是基础。然而有学者提出，广告重复次数超过3次后，广告的效果就会出现衰减。为了避免出现衰减效应，可以保留品牌LOGO的同时，尝试改变广告植入的表现形式，这样既可以促使观众接受信息，又可以使消费者的正面感受更好。因此，服装品牌适当高频次地以不同形式植入产品广告，那么品牌及产品更容易被观众记住，提高品牌影响力，进而影响观众的消费行为。

（五）服装品牌植入广告要选择正确的植入载体

一个品牌能否在影视作品中成功植入，是否正确选择一个植入载体，是首先要考虑的问题。所以，产品的目标消费者首先要和植入载体的目标受众一致，比如偶像剧的目标受众是年轻群体，所以适合年轻人使用的产品可以植入到相关的内容情节中。当偶像剧被众多年轻人追捧的时候，剧中的植入品牌也会相应地受到年轻人的关注。而植入广告的传播效果是与影视剧的收视率和票房直接相关的，所以那些知名导演的作品和作品关注度较高的影视剧，植入成功率也是较高的。而广告主获得植入营销的胜利，很大程度上取决于电影的影响力，这好比伊利牛奶、美特斯·邦威、联想等搭载《变形金刚》这个平台一样，这种吸引着全球观众眼球的大片，不论你是否想看，或者植入得是否巧妙，这些品牌都是万众瞩目的。所以，这就需要企业的策划部有对影视剧等有前瞻性的判断，甚至有必要对剧本、导演、主演进行细致的分析，才能保证未来的投放效果。

四、服装品牌运用植入式广告的不足之处

（一）植入的方式过于浅显

植入式广告必须是一种不像广告的广告，生硬的植入式广告，引起人们的反感排斥，但如果让广告信息如蜻蜓点水，又不能在受众心中留下印象。正确地使用植入式广告，能够扩大产品的消费者基础，增进品牌价值，提高产品知名度。反之，则是引起受众对品牌的抵制行为，降低了品牌的美誉度，进而影响了影视剧的口碑与票房。

（二）植入的品牌线下推广力度不够

对于品牌的塑造和宣传来说，如果仅认为做影视剧等媒介上的植入就能完全达到推广的效果，这种想法是不完善的。因为观众在欣赏影片的过程中，由于植入式广告的隐蔽模式也可能未感受到品牌广告的存在，许多时候，现实中的公关活动和广告宣传推广，才能更加体现植入式广告的效果。如今许多影视剧火爆了，剧中的植入式广告也随之受到关注，但在影片播放后，对其广告的宣传力度并不够。所以，对于目前国内服装品牌的植入式广告，随着植入载体的良好口碑及关注度，应及时进行线下的营销传播方式来乘胜追击，提高植入式广告的价值。

如今，隐性广告蓬勃发展，相比传统广告更能带来良好的效果，无形之中吸引消费者注意，这种新兴的广告营销方式开启了当今广告业的新大门。然而，隐性广告的机会需要广告主自身具备前卫的营销意识，以及对品牌前景的发展所具有独特的眼光，才能牢牢抓住隐性营销所带来的商机。服装品牌在线上植入广告

的同时，也应该积极地发挥植入式广告带来的效应，在影视剧热映的同时，可以配合影片做一些广告宣传，借助影片的群众效应吸引部分消费者；在线下，企业可以在店内开展相关的促销打折活动来吸引人气增加关注度。服饰品牌还可以在影片上映的同时，邀一名颇具人气的主角做产品代言，利用剧情的传播效应和名人效应，提升企业的知名度，达到线上与线下相一致，最大限度地营销造势，推广宣传品牌，促进销售。目前国内在植入广告方面还不成熟，在这个领域里还有很大的提升与改进空间，应透彻地认识它，准确地掌握它，在未来的广告业里实现更大的飞跃。

参考文献

[1] 陈昌,郭紫莲,刘俞瑾. 服装市场营销[M]. 成都:电子科学技术大学出版社,2020.
[2] 韩英波,祖秀霞. 服装市场营销[M]. 北京:中国轻工业出版社,2020.
[3] 杨楠楠. 跨境服装电子商务[M]. 北京:中国纺织出版社,2020.
[4] 王辉. 短视频营销[M]. 北京:民主与建设出版社,2020.
[5] 陶涛. 家具市场新营销:新时代·新思维·新战法[M]. 北京:化学工业出版社,2020.
[6] 杜鹏,樊帅. 人人学点营销学[M]. 北京:机械工业出版社,2020.
[7] 万明. 纺织服装概论[M]. 北京:中国纺织出版社,2020.
[8] 华梅,周梦. 服装概论[M]. 2版. 北京:中国纺织出版社,2020.
[9] 张会新. 营销渠道设计与管理[M]. 西安:西安电子科技大学出版社,2020.
[10] 谭静. 服装直播销售:主播打造+爆款优化+带货技巧[M]. 北京:中国铁道出版社,2020.
[11] 梁建芳. 服装市场营销[M]. 上海:中国纺织出版社,2021.
[12] 席阳,刘荣,李莉. 品牌服装企业经营管理案例解析[M]. 中国纺织出版社,2021.
[13] 裘晓雯. 时尚服饰营销[M]. 上海:东华大学出版社,2021.
[14] (英)托比·迈德斯,时装·品牌·设计师:从服装设计到品牌运营[M]. 3版. 杜冰冰译. 北京:中国纺织出版社,2021.
[15] 陈家刚,徐晖,王丽娟. 打开潮牌密码[M]. 北京:中国经济出版社,2021.
[16] 兔妈. 短文案卖货:手把手教你卖爆货收到款[M]. 北京:机械工业出版社,2021.
[17] 吴颖. 台州刺绣[M]. 上海:东华大学出版社,2021.
[18] (美)泰瑞·阿金斯(Teri Agins);时尚终结:营销如何永久性改变服装业[M]. 陈文晖译. 北京:经济管理出版社,202(1)10.
[19] 钱旭潮,王龙. 市场营销管理:需求的创造与传递[M]. 5版. 北京:机械工业出版社,2021.
[20] 叶鹏飞,杨强. 亚马逊跨境电商服装零售运营实战[M]. 北京:电子工业出版社,2021.
[21] 王鸿霖. 服装市场营销[M]. 2版. 北京:北京理工大学出版社,2010.
[22] 崔现海,杨敏. 服装市场营销[M]. 3版. 北京:化学工业出版社,2019.
[23] 刘小红,陈学军,索理. 服装市场营销[M]. 4版. 北京:中国纺织出版社,2019.
[24] 朱伟明. 服装定制:工匠精神回归[M]. 北京:中国纺织出版社,2019.
[25] 孙菊剑. 服装零售终端运营与管理[M]. 3版. 上海:东华大学出版社,2019.
[26] 潘月杰,陈小宇. 北京服装产业的时尚化升级研究[M]. 北京:中国商务出版社,2020.